海獅說歐洲趣史

歷史課本一句話，背後其實很有事

神奇海獅──著
布萊絲──繪

推薦序

悠遊於現代與過去之間的神奇海獅

謝金魚

「欸海獅，我們認識多久了啊？」我今年問海獅。

海獅屈指一算，今年九月就要超過十五年了，要是我們當時各自生個孩子，現在都可以叫海獅「親家公」了呢（並沒有這種事）！

在這麼漫長的日子裡，我跟海獅很多時候都在各自的學業或事業上忙碌，並不常有時間鬼混，但不知爲何，只要湊在一起就感覺好像回到了大學時候的屁孩生涯。

我一直覺得，海獅是一個相當純粹的人，他感覺活在兩個不同的時空，一個是充滿掙扎與困頓的現代，另一個則是隨心所欲地悠遊不同時代，只是有時候兩者交會時，會覺得「你到底嗑了什麼？」

比如，他曾經興沖沖地來找我ＰＫ廚藝，我看到他連洋蔥都不知道怎麼切的時候，心中猶如千萬匹草泥馬呼嘯而過。尤其，當他神祕兮兮地拿出一瓶濃稠的紅褐色膏狀物，告訴我這就是他還原後的二戰時期咖哩香腸醬時，我鼓起勇氣吃了一口……

「啊不就麥X勞的糖醋醬？」

海獅激烈表示才不是，但當他拿起中午吃剩的薯條沾一下之後說：「嗯好像有點像。」

什麼有點像？根本就是！

話說到這裡，我想各位應該了解我要說的重點了，就是海獅腦子裡裝著一個神奇的小宇宙，他真的知道很多奇怪的事情，比如中世紀的歐洲人一餐要吃掉多少東西、衣服的釦子或質料有什麼意義，隨口說來就生動得像他曾經親身經歷過一般。但他自己卻過著極簡生活，比如對吃非常不講究或所有家當用一個皮箱都裝不滿。

或者說，他腦子裡有許多豐富的感受，就像海面看似平靜，海底卻有著瑰麗奇幻得無法想像的世界。然而，他又是活在現實的人，在過去與現在之間，他也已經構成一套轉述的邏輯，就像中世紀的吟遊詩人，他把這裡的故事帶到那裡，再把那裡的故事帶去他方，閱讀海獅的文字時，也常有一種被他帶向遠方的感覺。

在他的新書《海獅說歐洲趣史》中，他充分地利用了這樣的優勢，將臺灣人一般都不熟悉的歐洲史化作一個個精彩的小故事，講述故事的海獅本人則將各種場景細節娓娓道來，宛如他親眼所見一般眞實，於是，這一切就從課本中輕描淡寫的幾句話變成了立體的印象。

海獅也是個情感極其豐富的人，他常常告訴我，他在看哪一段、寫哪一篇時都感動到哭了，通常我都是一臉看笨蛋的表情跟他說：「有這麼感動嗎？」

而他總是一本正經地說：「是！」

學歷史的人因爲看了太多狗屁倒灶的事，很容易變得麻木，畢竟太陽底下沒有新鮮事，而人類的愚蠢簡直無可救藥，荒謬在歷史上並不新鮮，有很多時候被當成了笑料來看待或嘲弄。但平常生活粗心大意到極點的海獅對這些故事的態度卻很溫柔，他對那些被嘲笑的人物總是心懷仁慈，細細地擦去他們被抹上的濃墨重彩，還原他們人生中諸多的不得已。

「因爲懂得，所以慈悲。」這是張愛玲的話，但我在閱讀海獅的文章時，也總有這樣的感覺。

如果你是老師、學生或家長，你可以將這本書當作參考與補述，如果你脫離了學校，也可以將這本書放在床邊，當作睡前讀物來閱讀，在每段故事不長的篇幅裡，你可以經歷那些人物的愛恨情愁，你會驚訝那些細微幽深的連結，最後竟織成一張巨大的因果之網，將整個時代都牽扯其中，這是歷史有趣的地方，也是海獅神奇的地方。

（本文作者為《崩壞國文》作者、「故事：寫給所有人的歷史」網站共同創辦人）

自序
課本看不懂？人生太空虛？海獅說：你怎麼不趣史？

面對各種炒房團，羅馬人民如何成功爭取他們的權利？

十字軍怎麼告訴我們，信仰這東西用得不好會致命，但如果用得好，就能製造奇蹟？

假新聞怎樣引爆法國大革命，甚至將瑪麗王后推上斷頭臺？

而當德國剛開始轉型正義時，反對者竟然也說「吃飽比較重要，你們就是在撕裂族群」？

哈囉！大家好！我是神奇海獅。說到歷史，很多人都曾問過我這個問題：「歷史又不會重演，幹嘛學這東西？」

這時候，我都會很想反問他們：「等等，你聽誰說的？」

好吧！其實我也知道這種說法。當年我剛考進歷史系時，老師開宗明義就告訴我們：「你無法把腳放進同樣的河水中兩次。」

這句話的意思很明白：歷史發生了，但不會重來。那麼我們花了這麼多時間讀歷史，到底要幹什麼呢？

圖書館裡挖到寶

曾經我也有過這樣的疑惑，但是當我後來留學德國後，就在一間圖書館裡，我對「歷史」的認知，開始出現了天翻地覆的大轉變。

原來我就讀的漢堡大學歷史所的課程很閒，但歐洲人文教育的重點其實也不是課堂，而是圖書館。我訝異地發現，光是歷史系竟然就有五間圖書館：上古史圖書館、中古史圖書館、近現代史圖書館、總圖書館。而最讓我驚艷的就是最後一間：一手史料檔案館。

我一進去就知道：這裡絕對是個大寶藏啊！裡面許多都是士兵的信件、回憶錄之類的文獻。我一頁頁貪婪的翻著書，看到了第一次世界大戰，一名無名德軍士兵寫給家裡的信：

一九一四年十一月六日

「……我們撤退到一個小村莊，法國人的炮火從四面落下……」

「整個村莊變成一片火海……」

「但我們還是必須射擊正在進攻的敵人……」

「法軍那邊拖了越來越多的大砲過來……」

「……我好害怕……」

「太陽顯得越來越不想下山。我們趁著太陽下山到月亮升起的短暫時間趕緊撤退。」

「從黑暗中走出一個身影向我們大喊：所有人前往村莊的出口！」

「我想著：終於結束了嗎？所有人陷入一片沉寂，陷入一片越來越深的燦爛星空……」

十七天後，這名德軍士兵陣亡了。

那是他寄回家的最後一封信。

在那一瞬間我立刻恍然大悟：所謂的歷史，並不是年代人名事件的目錄集。而是在事件發生的當下，當事者所引起的情緒反應與人性抉擇。而就是這些東西，才能夠激起我們現代讀者的共鳴！

原來隨著年齡增長，我們總會面對到一些自己無能爲力的事：詭譎多變的人際關係、複雜的勾心鬥角、親戚朋友的攀比炫耀，甚至是生離死別。面對這一切的人生難題，漂亮的衣服無法拯救你、美味的食物也無法拯救你。

但在展卷閱覽歷史時，你卻發現原來過去有這麼多王侯將相，竟然和你有一樣、甚至更嚴重更慘烈的困境。瞬間你就會和一個與現今相隔數百數千年的人，產生了一種惺惺相惜的同情共感。而更有甚者，歷史還幫助你避免去重蹈他人的覆轍。在那一瞬間，我突然了解：歷史不會重演，是因爲成功的典範無法複製。我們讀歷史並不是爲了看別人怎麼成功，而是要看他人的失敗、誤區、教訓，以及他們如何從困境中掙扎站起，最後終於邁向自己的輝煌。

因此，一個驚天地、泣鬼神，累死人不償命的計畫，就這樣在我腦海中誕生了——我想，如果把所有的歐洲史，都用一個個人物的視角講出來，會不會很生動呢？

命運編寫的連續劇

會有這樣的雄心壯志，其實也是想幫助大家輕鬆了解歷史，尤其是現在的高中生。雖然很多人覺得，讀歷史只要背下來就好，但老實說，課本上的歷史根本就超難背的！因爲要教的東西實在太多，把幾千年來發生的事全都擠在四、五本教科書裡，每件事能分配到的版面就只有起因、年代、幾個人名和結果，導致學生只能學到片段，根本搞不清楚來龍去脈。

這時候，如果有人把歷史事件背後的「故事」解釋清楚，然後把這些故事一個個連結起來，你就可以得到一部有情節、有畫面，血肉豐滿的歷史。

我們就隨便舉一個例子好了：

西元一〇九五年，教宗烏爾班二世在人山人海的克萊蒙教堂大喊了一聲「神意如此！」（Deus vult!）大家就都瘋了，決定手牽著手一起去耶路撒冷郊遊，十字軍就這樣爆發了。

十字軍打了兩百年，最後的結果就是沒滅掉伊斯蘭教，反而兩邊開始做生意了。東西方貿易促成了一項珍貴物品：毛皮的興盛交易，但萬萬沒想到就是沿著毛皮交易路徑，混進來了一個可怕的東西：黑死病。

黑死病讓三分之一的歐洲人去世，根據詩人佩托拉克的記載：整個城市平靜安詳，卻毫無人煙。這場浩劫造成了人們對教廷和基督教義法的質疑，最後造成了文藝復興。

文藝復興在歷史課本上讀起來有夠硬，什麼中古到現代的過渡、人文主義的興起，但其實簡單來說就是「有錢的麥第奇家族資助藝術創作」，而也就是這個家族的其中一名成員當上教宗後，想透過贖罪券重建聖彼得大教堂，引爆了宗教改革。

宗教戰爭結束後，教廷上帝的代理人失去霸權，因此各國國王們就開始各種大戰了。在國王大戰的時代裡，勝利的國家邁向霸權，而戰敗的國家比方說法國，就因爲財政枯竭引發了大革命。

大革命導致了拿破崙的崛起，他把德意志諸國都虐了一遍，終於激發了德意志民族運動，還有一八七一年德意志帝國在法國凡爾賽宮建國。而新興德國和周邊國家的關係，又導致了世界大戰。

就這樣，每起事件之間都有關聯性。我希望透過整個系列告訴大家的是，每起事件背後都有其合理的原因，而這些事件到最後，都會變成下一起事件的緣起。透過這些歷史人物的愛恨情仇，大家會發現：歷史比所有小說故事都離奇。畢竟小說的編劇是人，而歷史的編劇則是命運本身。

那麼，就讓我們一起觀看這無比精彩的趣史劇場吧！

CONTENTS

CONTENTS

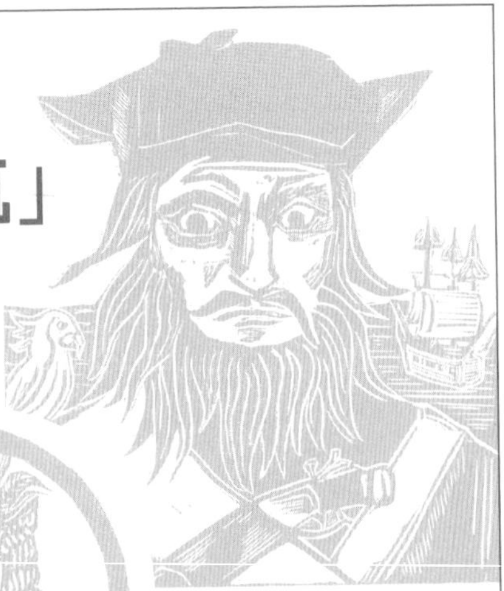

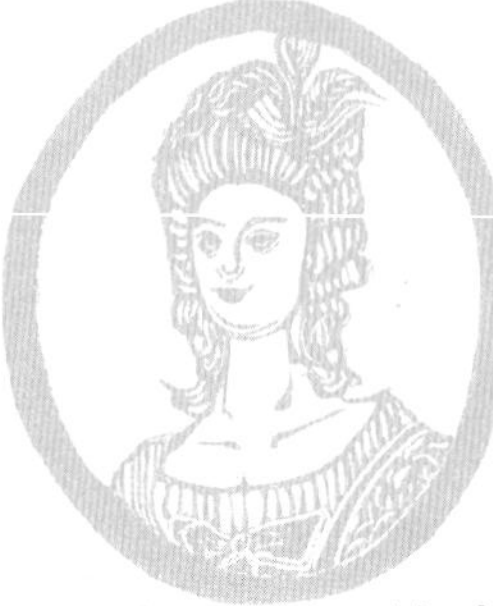

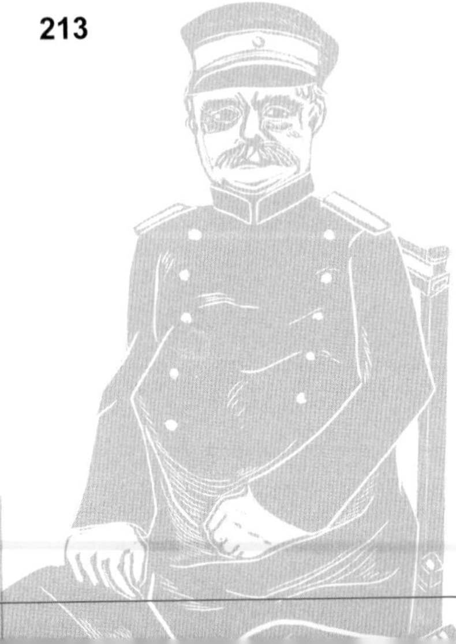

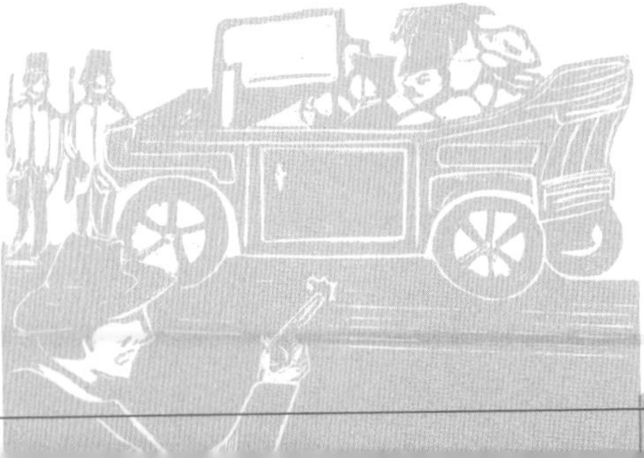

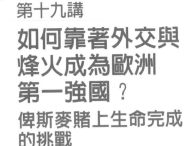

CONTENTS

第一講 歐洲文明其實是從搶女人開始的??

——歐羅巴的神話與真相

既然整本書在談歐洲史，第一篇當然要從「歐洲的起源」開始說起啦！通常在大部分的歷史課本裡，這時候就會開始討論到什麼邁諾安、邁錫尼文明，哪邊出土了什麼什麼考古證據……

拜託！這種東西請去看課本。我在這裡講的故事，其實就是「歷史之父」希羅多德版本的歐洲起源。這段故事裡有兩位主角，他們正是古早的兩大海洋民族：希臘人與腓尼基人。

說到「希臘人」，想必大家都略知一二，但這「腓尼基人」是什麼東西？

事實上，腓尼基人在古代海洋史的地位可是非常崇高的。他們的大本營約略在現今敘利亞一帶，如果把整個地中海想像成一個橫向的長方形，腓尼基人就住在右邊的短邊這樣。

腓尼基民族最大的特點，就是超會航海和經商。隨著航海事業的發展，腓尼基人很快就沿著地中海占領腹地，用來停船、堆貨和駐兵。其中最有名的據點，就是北非的迦太基。在之後的羅馬時代，這個國家將成爲新興羅馬共和的最大惡夢。

距今大約三千年前，在古地中海世界裡，腓尼基人運來的貨品就跟現在的高級百貨精品一樣，包括：阿拉伯的香料、波羅的海的琥珀、大西洋各島嶼的錫等等。此外，他們的工藝品也無人能出其右。腓尼基人發明了一種紫色的染料，是用特殊海螺製成的高貴顏料。事實上，「腓尼基」這個名字，本身就是指「紫色之國」。

首先，讓我說個美麗的神話吧：很久很久以前……

是說，就在腓尼基的主城泰爾和西頓裡，有位很美麗的公主。從小到大，她都住在父王的宮殿裡，過著無憂無慮的日子。某天清晨，明亮的陽光抹去了女孩們夜間的夢景。在這天早上，一群女孩兒們決定要去海邊玩耍。

她們嘻嘻哈哈地來到海邊的青草地上。每名女孩都穿著鮮艷的衣服，而艷冠群芳的當然就是公主了。她的動人美貌，不意外地引起了一位有名色鬼的覬覦。

是的，那就是希臘的諸神之王——宙斯！

宙斯一看到公主，整個人都傻了。心想：「哎呀！眼前這小美人兒，要是能與她親近親近，那會是多麼快樂的一件事啊？」

不過宙斯想歸想，卻遲遲沒有行動。因為這身為眾神之王的男人也有剋星，那就是他的老婆希拉。他害怕嫉妒成性的老婆發飆，但是又管不住自己的欲望，左右為難之際，他終於想到了一個辦法！

宙斯轉身變成了一頭公牛，來到公主面前。這可不是普通的公牛，宙斯變成的公牛那還了得，當然身強體壯、高貴華麗，不僅牛角晶瑩透亮，閃耀燦爛的光芒，好像精雕細琢的工藝品，額頭上還鑲著一塊新月型的銀色胎記。

公主看到公牛馬上就被吸引了，她伸出顫抖的纖纖玉指，摸了摸油亮亮的牛背，然後就……騎上去了！

我也不知道為什麼公主就這樣騎了上去，只知道公牛詭計得逞後，就載著公主縱身跳入大海，朝海的另一端前進。

公牛游了整整一天，終於游到希臘的克里特島上。這時候，宙斯恢復了他本來的樣子，告訴公主：「我是這座島的主人，當我的女人吧！」

原本嚇得哭哭啼啼的公主，一看到英俊挺拔的宙斯終於點頭了。從此之後，公主和宙斯過著幸福快樂的日子。公主的名字叫做歐羅巴，歐洲（Europe）就是以她的名字命名的。

搶來搶去搶成愁

這個神話，聽起來是不是很浪漫呢？

才怪！根據希羅多德的說法，這根本就是一個「搶錢搶糧搶娘們」的故事。

事實上在古代，搶劫一點都不稀奇。海盜在社會大眾眼中非但不是罪犯，還是足以謀生的光榮職業。在古典時代裡，只要是下海討生計的男子全都稱爲「海盜」，並將其與游牧、農作、捕魚、狩獵並列爲五種基本謀生技能。

而歐羅巴公主的故事，就是一段希臘人去搶腓尼基公主的歷史。

不過，希羅多德畢竟還是希臘人，根據他的說法，整起事件其實是腓尼基人先動手的。事情的眞相是這樣滴：

有一天，擅長航海經商的腓尼基人，將一艘商船緩緩地開進了希臘沿海。在當時，這種感覺就好像某天在港口裡，突然開進了一艘海上百貨公司一樣。

船上到處都擺著從亞述和埃及來的舶來品，希臘的婦女都瘋了，紛紛咚咚咚地跑上船搶購。就在把整間百貨公司差不多掃蕩一空，只剩最後船尾還剩下一點東西的時候，腓尼基人眼見機不可失，立刻拔錨、揚帆、走!!把船上的希臘婦女全都劫走了。

本來婦女被劫走這件事情，不會構成一起太嚴重的外交事件。但是在腓尼基人劫走的婦女裡，好死不死剛好就有一位阿爾戈斯城邦的公主。

阿爾戈斯國王一聽到自家閨女被腓尼基人劫走，而且還可能被賣到埃及之後，立刻氣急敗壞地組織一支討債集團前往腓尼基。但是阿爾戈斯國王卻忽略了一件事：「希臘」不是一個國家，而是由一堆城邦組成的地方。

一聽到希臘的公主被搶，希臘各城邦立刻大喊起來：「爲公主報仇！」

動作最快的，當然就是離腓尼基最近的克里特島。他們首先出動「搶劫團」，轟隆隆就把腓尼基公主歐羅巴給搶走（就是神話的那一段），等到阿爾戈斯的討債團來到腓尼基，爲時已晚。

腓尼基人爆炸了：「可以這樣搶了又搶、搶了又搶的嗎??」

無可奈何之下，希臘人只好跑去搶另一個國家的公主。而那國的人當然也是爆氣了：「腓尼基人搶你們，你們去搶腓尼基啊！把我們的公主還來！」

希臘人則表示：「我們的公主沒回來，你們也別想要你們的公主！」

就在大家吵得不可開交的時候，亞洲又有個國家也開始蠢蠢欲動了，那就是有名的特洛伊。特洛伊王子帕里斯一心想著：「反正希臘是不會送回被搶走的公主了，那我也去希臘搶一、兩個，他們應該也不會有什麼意見吧？」（是與你何干啊??）

因此，特洛伊王子帕里斯也去搶了一名女子。好死不死，她叫做——

海倫。

好死不死（再次），海倫正好就是斯巴達國王的老婆、希臘聯軍統帥阿格曼儂的弟媳。他一聽到這件事情，就出動希臘所有的軍隊，浩浩蕩蕩展開了特洛伊戰爭。爲此，希臘人一樣也編造了一個金蘋果神話，還說海倫是美神阿芙洛目蒂「賜給」帕里斯的。

整個故事就這樣告一段落了。說來也巧，另一個偉大的古文明羅馬，似乎也是從搶女人開始了他們的文明。

第一任國王羅慕路斯因為羅馬缺少婦女，影響了國家的發展，因此展開了一個陰謀活動：他邀請附近城市薩賓的男女參加一場趴踢，而就在活動最熱鬧的時候，整個羅馬城的男人全體出動，把薩賓的女人全部搶走。

這個故事告訴我們：偉大的文明，都是從搶女人開始的啊（無誤）

歷史課本
只有這樣說：

「古希臘最著名史家是希羅多德。希羅多德的《歷史》（又名《波希戰爭史》）一書……搜羅天下軼事舊聞。」

第二講 當改革受挫時，你會坐視改革失敗，還是選擇獨裁？

——梭倫的抉擇

上次我們講到了航海民族腓尼基跟希臘千絲萬縷的關係，就在西元前十二世紀，亞洲城市特洛伊搶走了斯巴達國王的老婆海倫後，希臘全軍破敵，把特洛伊給滅了。

接著，希臘的歷史記載就空了大概兩、三百年，就在這個時代，雅典建城了。據說建城時，有段神話是這樣子的：

在這個「最偉大城市」剛建造完成時，眾神紛紛爭當此城市的守護神。最後，海神波塞頓和智慧女神雅典娜成了最後的角逐者。在討論後，大家決定：誰賜給這座城市的東西最為有用，誰就擁有這座城市。波塞頓一聽，立刻拿著他的三叉戟往岩山上一插，為雅典帶來了大片海洋；而雅典娜，則在土地上種下一顆……橄欖。

眾神決議：這座城市的名字就叫「雅典」。

這則短短的傳說，透露出兩個雅典重要的氣候地理訊息：第一，它多港灣，是靠海而生的城邦；第二，它的耕地不多、糧食生產不足，主要適合生產像橄欖之類的經濟作物。不過整體而言，雅典的自然環境可說是風和日麗、無災無難。雅典也確實有過好一陣子的和平，可惜好景不常，從西元前七世紀開始，雅典城邦就陷入了貧富極度不均的狀態之中。

在城邦初建的時候，爲數不多的農田成爲農民最重要的經濟來源。如果農民跟貴族借錢，之後卻還不出欠款，土地就會變成貴族的，而農民則必須在這塊土地爲地主耕作，還要把收成的六分之五上繳地主，這種被剝削的程度完全是前無古人啊！（等等，前面也沒太多古人吧？）

底層的人民恨死了貴族，因此在西元前六三二年夏季的一個美麗清晨，雅典終於爆發了有據可查的第一場革命——希隆暴動。

這位名叫希隆（Cylon of Athens）的人，帶領爲數大約八〇到一百人的敢死隊，攻進了地勢最高的雅典衛城。他們把衛兵從衛城上扔下去後，再用繩索將自己牢牢地跟衛城內的雅典娜女神像綁在一起，顯示自己絕不潰退的決心。

政府軍立刻包圍了衛城。但是問題卻很棘手——因爲聖殿之內不能見血，他們既沒辦法攻進衛城大開殺戒，也沒辦法把這些敢死隊拖出來。就這樣僵持了好幾天後，兩邊終於達成撤離衛城的協議。

有些激進派不願意撤離，抓著腰間的繩子邊喊邊退後。就在情勢最緊張的時刻，一件事情終於讓僵持的氣氛整個爆發——

綁著他們與神像的繩子，突然間斷了。

接著場面整個失控。政府軍中有人大喊：「這是雅典娜女神不願意庇佑他們的證明，大家快殺進神廟啊！」

聽到這句話，政府軍如夢初醒，紛紛衝進神廟大開殺戒。雖然有祭司大喊：「神廟裡不可見血!!」但軍隊根本不聽，雅典娜神廟瞬間變成修羅場。有些叛亂者躲在神像後面忒忒發抖，被拉出來一刀劈死；另一些人逃到復仇女神的神廟裡，緊緊抱住神像，但也躲不過被殺掉的命運；而好不容易逃到聖地之外的，則被群眾用石頭活活砸死。

當時帶頭的執政官美迦克勒斯族人，也因此成爲「受神詛咒的家族」，遭到了流放的命運。不過這起事件也讓兩邊的敵對意識達到極限，在兩邊一觸即發的局勢之下，推舉出另一個人：梭倫（Solon），來治理雅典。

讓雅典舉城瘋狂的命令

梭倫出身一個沒落貴族家庭，因此貴族和平民都對他寄予厚望：平民認爲他會站在窮人的立場，而貴族認爲他會爲貴族發聲。梭倫因此陷入兩難，於是便前往有名的德爾菲神廟，請求太陽神指點迷津。通常，德爾菲的神諭都是晦澀難解的，但這次神諭給了他這樣的回答：「去坐在船的中間吧，你的職責是舵手；放手去做吧，有很多雅典人是你的朋友。」

最後，在西元前五九四年的一個清晨，雅典的中心廣場上聚集了成千上萬的農民、

ΣΟ
ΛΩΝ
ΝΟ
ΜΟΣ
ΑΘΗΝΑΙΟΣ
ΜΗΔΕΝ ΑΓΑΝ

手工業者和新興的工商業奴隸主。人們正急切地等待著一個重要時刻的到來：新上任的首席執政官梭倫，將在此宣佈一項重要的法律。

梭倫在眾人的注視下，大步走到一個大木框前，用手一撥，將架在木框中的木板翻轉過來。等待人們讀完木板上的法律條文，廣場上瞬間歡聲雷動，整個雅典城被一片異常熱烈的氣氛所籠罩。原來雅典執政官梭倫宣布：今後雅典境內的所有債務，一・律・取・消!!

這便是梭倫最有名的〈解除負債令〉。他以宏亮莊嚴的聲音宣讀：「欠債而賣身為奴的公民，一律釋放；所有債契全部廢除，被用以抵債的土地歸還原主，因欠債而被賣到外邦做奴隸的公民，由城邦撥款贖回……」

整個雅典城都瘋了。數以萬計曾在主人鞭下擔驚受怕的雅典農奴，現在都恢復了自由。

梭倫自己寫道：「……大地是這一切的見證，因為在它之上的債權碑，如今都已移走，從前被壓迫在奴隸主下的大地，現在自由了。」

但是有開心的人，就有不開心的人，雅典城內握有極大政治權力的傳統貴族爆炸了。他們伺機而動，終於一場驚天醜聞的爆發，讓他們抓到了機會反擊——

原來，在梭倫公布〈解負令〉之前沒多久，他的朋友便得知這項消息，立刻向各大貴族借出大筆款項，再把借款全部拿來購買大量的土地。過沒多久，〈解負令〉就公布了……

這種內線交易醜聞立刻引發貴族抨擊，甚至指證歷歷，說梭倫靠著這道命令，發了一筆橫財。

時間一久，不只是富人階層，連窮人階層都起而反抗，這是因爲解除負債只能減緩貧富不均。對窮人來說，這只是延後了赤貧到來的日子，並沒有解放他們的命運。而另一個城邦斯巴達，卻成功將土地全部收歸國有、成功解決貧富不均，成爲當時最平等、最強盛的希臘城邦。

對此，梭倫簡直苦惱至極，他寫道：「當時大家對我期望過高，現在則對我怒目而視，好像我是他們的仇人。」

這時候，他的朋友建議他成爲「僭主」（Tyrant）。也就是不經過正常程序來掌握權力，惟有這樣才能守護好不容易發芽的改革之苗，否則就只能坐視改革失敗。

是你，你會怎麼做？

坦白說，要是我的話，應該就會選擇成爲僭主了吧？

創意治國，所有願望一次滿足

儘管面臨著巨大執政危機，梭倫仍然拒絕發動武力抗爭來獲得絕對權力。他說：「你們只看見僭主的高臺，卻沒有發現這是一把沒有階梯的王座。沒有一個人能夠平安無事地走下來。」

而相反的，他採取了和集權完全相反的手段：他大幅提高雅典人民的權力，讓他們有能力對抗貴族的壓迫。

這是劃時代的創意！梭倫依照每個人的年收入分成四個階級，分散原本專屬於貴族的政治權力。但因爲是按照年收入給予政治權力，所以後世稱梭倫的改革爲「金權政治」或「不完全的民主」。

但其實這種辦法，可能才是當時最合適的辦法。這樣的安排，雖然會引起第一階級的反對，卻可以同時得到第二、三、四階級的認同；對第四階級來說，雖然跟其他階級還是有些差異，卻比之前完全沒有的情況強得太多。

而且，如果要眞正落實完全的平等，雖然會獲得第四階級的歡迎，卻會得罪其他階級，特別是梭倫最想要拉攏的二、三階級。

從此以後，所有公民都能進入最高決策機構，也就是「公民大會」。在這裡，每個人都各自擁有發言權。比起之前的國會，公民大會的權力大幅提高，除了擁有宣戰、媾和、承認條約等權利，還可以否決貴族議會的所有決議。更重要的是，公民大會擁有任命執政官的權力。

而就在這時候，梭倫也從醜聞之中脫身了。

因爲新公布的財產顯示，梭倫因爲〈解負令〉總共承受了五個塔倫特（約十至二十公斤重的黃金或白銀）的債務損失。換算成現今匯率，大概是一億八千多萬新臺幣！人們震撼於梭倫寧可爲自己帶來巨大的損失，也要改革雅典的決心。公民大會最後決議：給予梭倫一切必要的權力，讓他持續改革下去。

就這樣，梭倫取得了初步的成果，但是初生的雅典民主仍然在風雨中飄搖。究竟，民主體制有什麼先天缺陷，又會導致怎樣的成果呢？就讓我們繼續看下去……

（海獅補充說明：本篇講述的是梭倫在雅典的一系列改革。主要參考資料是希羅多德《歷史》、普魯塔克《希臘羅馬名人傳》及亞里斯多德《雅典政制》。然而，由於參考資料的不足，很難判定改革措施的先後順序。裡面的順序是我自己認爲合理的編排，如果有任何大德發現其他與本文相左的原文資料，都煩請提出指正，海獅在這裡謝謝大家）

歷史課本只有這樣說：

「公元前五九四年，貴族推舉深受平民信任的梭倫為執政官，上任後推行改革，按照財產多寡將公民分為四個等級，各有不同的權利及義務。……他的改革奠定雅典民主政治的基礎。」

第三講 不買票無法當權、買了票則會弄垮雅典

——當民主變成民粹

上次我們說到民主誕生的過程，接下來我們要來討論：民主體制可能會遇見什麼樣的困難與挑戰？

在這裡，我可以直接講結論，民主政治最大的挑戰有兩個：第一個是專制威權的外敵、另一個是內部貪得無厭的人民。（不覺得一整個眼熟嗎??）

首先，我們就從外敵開始講起吧！

後來，梭倫總算拚完了雅典最重要的民主改革，在後繼幾位統治者的持續改革之下，當時的雅典已經擁有類似現今公投的「公民大會」、類似代議體制的「五百人會議」，以及可以把全民公敵趕出雅典的「陶片放逐制」。

但好日子沒過多久，在遙遠的亞洲，就有一個國家對希臘諸城邦投射出關愛的眼光。

那個國家就是波斯。

事實上，波斯在當時是一個非常進步的國家。在奠基人居魯士東征西討下，波斯終於成為一個前所未見的大帝國。而被他夢見「伸出兩隻翅膀、分別遮住亞細亞與歐羅巴」的繼承者大流士，則建立了完整的地方政治體系：設立省長掌管民政、建立皇家大道改善交通。

但是「治理得好」與「想要被統治」完全是兩碼子事啊！（為什麼大國的人都不懂這點呢??）原來，在波斯西部與歐洲接壤處，有個叫做愛奧尼亞的地方，這裡雖然是波斯的屬地，但當地居民大多是希臘人。西元前四九九年，這裡的人民想要脫離波斯的統治，於是跑去向一海之隔的希臘城邦求救。

接到同胞呼救後，雅典提供了軍事援助。波斯為了反制，也開始入侵希臘，東西文明大戰便揭開了序幕……

這場史稱「波希戰爭」的仗前後打了五十年，許多有趣的故事就此流傳下來。

例如，波斯派使者去希臘各城邦，要求他們貢獻「土與水」表示臣服，斯巴達人霸氣側漏狂嗆：「井裡很多，自己拿！」然後就把使者丟到井裡自生自滅。或是在馬拉松大戰後，傳令兵菲迪皮德斯連續跑了四十二公里，只爲了回到雅典大喊一聲：「我們勝利了！」然後就氣絕身亡，成爲後世馬拉松賽跑的由來。

波斯來了，結果波斯被打爆了；希臘獲勝了，卻埋下日後內戰的種子。

如果你看過電影《三〇〇壯士：斯巴達的逆襲》，可能會覺得斯巴達人很猛很強大，但其實戰爭打沒多久，斯巴達人就不玩了，他們所領導的「伯羅奔尼撒同盟」也紛紛退讚。在缺少了整個希臘世界最驍勇善戰國家的馳援下，雅典只能聯合剩下的城邦，在提洛島成立一個新的「提洛同盟」。眾人同仇敵愾，將鐵錠扔進海裡，象徵他們的同盟永不可破。

但是在戰爭結束後，雅典非但沒有解散提洛同盟，還利用同盟的共同資金把雅典城蓋得美輪美奐。雅典的擴張，引起伯羅奔尼撒同盟的反感。這一切，就要從當時的雅典將軍伯里克里斯開始說起……

花美男的政治鬥爭

雖然伯里克里斯已算是波希戰後的風雲人物，但那個時代卻有個人比他更受歡迎，這個人就是貴族派的代表——客蒙。兩人都是容貌俊秀的美男子，可惜伯里克里斯的額頭就是高了那麼一點點，嘴巴很賤的人甚至直接給他取了個綽號，叫「海蔥頭」。

爲了遮蓋這個缺點，所以他的雕像總是戴著頭盔。此外，在家世背景方面，伯里克里斯也有一點問題：他的母親出身「受神詛咒的家族」——還記得上一回提到的希隆革命嗎？當初，就是伯里克里斯的祖先帶頭血洗神廟，因此被認定受到了女神的詛咒。相較之下，客蒙不但又帥又有錢，老爸還是馬拉松大戰的英雄，整體優勢狠甩伯里克里斯三條街以上。

而當這兩人開始在政壇嶄露頭角之後，客蒙用自己的龐大家產慷慨解囊，每天向雅典的窮人供應伙食、給老年人發冬衣，甚至拆掉自家圍牆，讓所有人進來摘水果。憑伯里克里斯的家產，根本沒辦法跟客蒙抗衡。

在這種什麼都比自己強一點的人面前，人比人完全可以氣死人啊！萬不得已的情況

伯里克里斯

下，伯里克里斯只剩一條路能走了——

利用城邦的公款邀買人心！

於是，雅典城內開始出現許多免費的福利政策，有些甚至還有津貼。由於不能直接給遊手好閒的人錢，所以伯里克里斯開始大興土木、招聘各種工人，讓所有人都有事情可做，一座座建築物接著拔地而起。嗯，你彷彿知道爲什麼很多地方會出現蚊子館的原因了。

只是當時雅典蓋的不是蚊子館，而是眞正宏偉優美的建築。在今日的雅典衛城裡，最重要的建築物像帕德嫩神廟、山門、厄瑞克忒翁神廟，都是興建於那個時期。目前看起來，雅典邁入了眞正的「黃金時期」，伯里克里斯給雅典帶來之後再也未曾有過的輝煌。但現在問題來了……

錢從哪裡來??

當然就是提洛同盟了。爲了對抗波斯，希臘城邦將公款放在提洛島的財庫裡，但是之後伯里克里斯硬是將財產轉移到雅典，還說得很好聽，宣稱是爲了保衛財產安全，免遭波斯竊取。然而，幾乎所有伯里克里斯在國內外的對手，都將這視爲是雅典對同盟財產的霸占。

反對派大罵伯里克里斯：「希臘眞是遭受了奇恥大辱。她眼見自己迫不得已獻出的軍費，竟然被雅典用來把自己裝飾得金碧輝煌，渾身戴滿貴重的寶石、雕像和價値累萬的廟宇！」

對於這些指控，伯里克里斯一律回應：雅典不欠任何城邦錢，因爲，是雅典替大家打仗，趕走了波斯人。各城邦沒出一匹馬、一名重裝士兵，只出了點錢罷了。

言下之意就是：給雅典一點錢花花又怎麼了？

古希臘版世界大戰開打！

許多城邦受不了。甚至連波希戰爭都還沒打完，就打算脫離提洛同盟，有些甚至還想投靠到波斯去。對於這些「叛徒」們，雅典則毫不留情地予以反擊。雅典藉由提洛同盟的資金，建造了希臘世界規模最大的海軍，現在反倒用來鎮壓想要脫離的城邦。

而起義失敗的城邦，下場則十分淒慘：他們的城牆被拆除、失去了在同盟裡的艦隊和投票權、財產充公，甚至還要繳納鉅額罰款。

雅典利用提洛同盟擴張自身勢力，並且煽動其他城邦人民施行民主政治，讓雅典成爲尚無其名、卻已經成實的——「雅典帝國」。

這一切都引起原本希臘城邦的霸主——斯巴達的憂心與恐懼。西元前四三一年，以斯巴達爲首的六萬重裝步兵入侵雅典。

不久後，雅典更爆發了恐怖的瘟疫。

伯里克里斯也染上疾病，渾身膿包。最後他手抓護身符，在高燒流膿中喪失了性命。

這場被評爲「古代希臘世界大戰」的伯羅奔尼撒戰爭打了將近三十年，最後以雅典的慘敗做結。當雅典投降時，已經從輝煌的世界中心，轉變爲城池破碎、難民滿目、饑饉橫生的城市。

在長笛樂女的笛聲中，斯巴達人興高采烈地推倒雅典的防衛長牆，宣稱：「這一天，是希臘人脫離雅典、獲得自由的開端。」

當然，自由在每個人心中的意義不盡相同，對伯里克里斯的評價也是。對雅典人來說，他是黃金時代的締造者，是雅典重建榮光的英雄；對同盟友邦來說，他的態度則比寡頭的斯巴達還要霸道。

總之，隨著伯羅奔尼撒戰爭的結束，希臘時代也就此告一段落。斯巴達沒有辦法橫行太久，因爲很快就有新的挑戰者出現。

下次要出現的，就是另一個大帝國的締造者——馬其頓的亞歷山大。

歷史課本只有這樣說：

「伯里克里斯使雅典民主政治邁向高峰。他把所有公職開放給全公民……在政治組織上，公民大會為最高權力機構，決定內政和外交等國家大事。在他統治的時代，雅典政治、經濟、文化和藝術達到鼎盛，史稱雅典黃金時代。」

第四講

為什麼當王的人總得殺掉昔日的好友？

——亞歷山大的孤寂

說眞的，以前我在讀書的時候，每次念到亞歷山大就納悶：明明都是在說他穿起東方的袍子、整個國家也開始行東方的跪拜禮，這根本不是希臘化，而是東方化吧？爲什麼這段時期叫做「希臘化時代」啊？

後來我才明白，所謂的「希臘化」是從東方的視角來命名的。這個時代包括波斯、巴比倫、埃及，甚至一直遠到印度西境，都開始使用希臘語。近東各地開始出現許多亞歷山大城，馬其頓諸王頭像，也紛紛出現在當地。

究竟這個傳奇是怎麼開始的，這些被亞歷山大統治的地區，到底過得幸不幸福呢？且聽我娓娓道來……

事實上，在亞歷山大出生前的那段時期，馬其頓在希臘人眼中，只不過是北方的一個落後野蠻國度而已。直到亞歷山大的父親腓力二世掌權後，這一切才開始改變。雖然在他的統治下，馬其頓開始變成眞正的強國，但就在他四十六歲的時候，原本預計東征波斯的腓力就被人刺殺身亡了。

刺殺的原因眾說紛紜，但是最「腐」的一個，則是史學家克來塔卡斯描述的那個版本：腓力的同性愛人被性侵，但國王卻沒有替其報仇，因此憤而在國王女兒的婚禮上將他刺殺。

年僅二十歲的亞歷山大就這樣繼位了，同時也繼承了父親的壯志。

西元前三三四年，亞歷山大帶領著四萬步兵和三千騎兵，開始踏上自己父親未完的征途。但這時馬其頓王室本來就不富裕，在付完士兵的安家費後，自己的王室財產也差不多見底了。

別人完全不敢置信地問他：「那你爲自己留下了什麼？」

他回答道：「我的希望。」

亞歷山大與大流士的鬥爭

在跨進亞洲後，波斯和馬其頓兩軍終於在沿岸的伊蘇斯相遇。在這場戰役裡，亞歷山大帶領著禁衛騎兵，如同錐子一般，向波斯龐大的軍隊揮去。波斯陣營雖然竭力護主，但是在這關鍵時刻，波斯王大流士三世卻狼狽地逃離戰場。波斯大軍一看主子跑了，本來秩序井然的隊伍瞬間土崩瓦解，很快就撤兵敗退。

就在馬其頓以少擊多、大獲全勝的狀態下，亞歷山大和他的將領有說有笑：「讓我們在大流士的浴室裡洗香香，洗去戰爭的疲憊吧。」

他的臣下則回應：「現在應該是亞歷山大的浴室了。」

眾人說說笑笑地走進浴室，赫然發現滿室芬芳，那些精美的浴盆、水瓶、油膏，全都是用黃金製成的。在隔壁的巨大帳蓬裡，則擺著一桌豐盛的宴席，精緻的程度，這群成天騎馬的馬其頓人從未見過。亞歷山大看到了就嘆口氣：「這大概就是帝王之所以爲帝王的原因吧。」

反觀在波斯陣營裡，氣氛卻是異常凝重。原來，波斯王后和公主都落入了馬其頓人手中。就在下次開戰前夕，一位從馬其頓軍營中逃出來的波斯官員，帶來了一則噩耗——王后已經駕崩了。

大流士得到消息後悲痛欲絕，以爲王后是被亞歷山大處死的。但逃出的官員卻說：「事實上，王后是病故而死的，亞歷山大依波斯禮儀將她厚葬。亞歷山大在獲勝後的溫和，如同他做戰時的勇武一樣驚人。」

這一席話，終於給處於災厄當中的波斯王帶來一絲最後的安慰。他對天祈禱，說：「如果我眞的在劫難逃，祈求您，不要讓亞歷山大以外的任何人坐上居魯士的寶座。」

在之後的戰爭裡，馬其頓再次擊潰了波斯，而這次波斯王眞的要浪跡天涯了。在漫長的逃難與敵軍追擊中，馬其頓士兵終於看見滿身是傷的波斯王，奄奄一息地躺在戰車上面。

他氣若游絲，終究向士兵說出自己對亞歷山大的感謝：「我希望眾神會酬答亞歷山大對我母親、太太和子女們的恩惠。請你轉告他，我向他伸出這隻右手，做爲感謝的表示。」

最後，他的右手癱軟下來，一代波斯帝王就此氣絕。

亞歷山大趕到後，聽到這段話顯得很憂傷，便脫下自己身上的戰袍，覆蓋在大流士的屍體上。

太過東方化，有人不開心

亞歷山大帝國的勢力看似到達頂峰，希臘化世界遍布整個地中海，直到中亞。但事實上整個馬其頓帝國，甚至亞歷山大本人，也開始在漫長的征途中被東方逐漸同化……

第一個同化的象徵，就是亞歷山大開始成爲「神」。

這種神格化，除了亞歷山大自己的想望，也是爲了實際統治的需要。畢竟他征服了這麼多東方地區，如果想要順利統治，就勢必要配合當地的風土民情。成爲神是最有效，也是最具權威性的方式。

接著，他也開始仿製東方帝王的服飾和禮儀，最有名的就是「服從禮」（proskynesis）。這個禮節的表現方式爲：官員身體微微前傾，然後用食指觸碰自己的嘴唇。這是從希羅多德時代以來，就一直用來表現波斯臣民對君王五體投地的樣子。

但對希臘人來說，這卻是個令人憎恨的禮節，因爲只有對神才應該這樣尊敬，任何一個自由人都不應在其他人面前如此自貶身分。

這些效仿東方的行爲，看在那些馬其頓老將的眼裡，當然很不是滋味。他們當初跟著亞歷山大一起打天下，如今卻得要學習敵人的規矩。

終於，在某天晚上，事情幾乎一發不可收拾。

晚宴上，大家喝得酒酣耳熱，幾個人開始吟唱詩句，大意是諷刺那些過去被東方民族打敗的馬其頓將領。亞歷山大和身旁的年輕人聽了，忍不住哈哈大笑，但是在場的一些老將卻開始沉默下來。

這時有一位叫做克雷塔斯的老將，因爲生性魯莽加上喝了太多酒，氣憤到不能忍受，站起來對亞歷山大說：「你不應該在東方人面前嘲笑馬其頓的軍官，這些人只是時運不濟而已，並不比在座任何一位怯懦！」

亞歷山大聽完沒放在心上，反倒譏諷他：「你說，這些馬其頓軍官不是膽小，只是時運不濟，是在爲自己開脫吧？」（看到這，我都覺得亞歷山大語句後加了一個「XD」的表情符號）

克雷塔斯一聽到這裡，立刻爆炸了，馬上跳起來喊道：「你說的這名懦夫，可是曾把你這天神之子從劍鋒下拯救出來，好讓你現在可以當神棍，接受眾人膜拜啊！」

這句赤裸裸的諷刺，讓亞歷山大當場暴跳如雷喊道：「你這卑鄙的傢伙！你以為可以這樣煽動馬其頓人叛變，然後不受懲罰嗎??」

「我們受的懲罰還不夠多嗎??」老將軍不怕死，繼續酸他，「哎，我真羨慕那些老早就掛掉的馬其頓人，不然他們還要巴結波斯人，才能見上自己的國王一面啊！」

聽到這裡，亞歷山大忍無可忍，他從桌子上抄起一顆蘋果往克雷塔斯頭上砸去，開始用馬其頓語喊出發生重大變亂的信號，還命令號兵吹號。

號兵猶豫了，沒有按照亞歷山大的命令去做，克雷塔斯也被想打圓場的同僚拉出帳篷。但是，老將軍的嘴巴完全沒有停住。亞歷山大徹底喪失理智，從衛兵手中奪下長矛，剛好老將軍也掙脫同僚、衝回帳篷打算繼續開罵。兩人在老將軍拉開門簾時，正好撞個滿懷。

亞歷山大手中一使勁，便一槍刺穿老將軍的身體。老將軍呻吟了一下後，當場氣絕。這一瞬間讓亞歷山大完全清醒過來了，他轉頭看了看四周，所有人都無語站在原地。

他默默地把那桿槍從屍體上拔出來。接著就朝自己的咽喉刺去，要不是兩旁的人趕緊拉住他，亞歷山大也許早已氣絕了。

亞歷山大的遠征，最遠到達了印度。但是，在這裡他看見自己帝國的極限，終於折返了。西元前三二三年的冬天，亞歷山大在回程途中染上熱病。臨終前，他的朋友問：

「誰會是你的繼業者？」

亞歷山大只說了一句：「最強的人。」

就因爲這句話，讓整個王國在他身後土崩瓦解。整個繼業者戰爭打了將近二十年，最後終於三分天下。但是不管繼承的是哪一個國家，都不約而同地傳播著希臘文化。亞歷山大的遺體也沒有回到馬其頓，而是被葬在埃及，長眠在他親手建立的亞歷山卓港。就像傳奇裡的一首預言詩一樣：

你將在此生活。
無論生前或死後，
你所建立的城市，將是你的長眠之地。

希臘化的故事就這樣告一段落了！隨著希臘時代各城邦分崩離析，另一個強權即將興起，並開創整個歐洲歷史上最偉大的國家：羅馬。

歷史課本只有這樣說：

「（馬其頓）國王亞歷山大為掠奪東方財富，於公元前三三四年發動侵略亞洲和非洲的遠征，陸續征服埃及、波斯帝國及印度。……亞歷山大的東征雖然造成當地人民災難，但也促進希臘與亞非諸國的經濟和文化交流，形成所謂的『希臘化時代』。」

第五講 平民手上有什麼，才能逼迫貴族分出權力？

——羅馬共和的興起

上一回講到了亞歷山大大帝的殞落。當朋友問他誰是繼承人的時候，他說，要把帝國留給最強的人。因爲這句話，整個馬其頓在亞歷山大死後分崩離析，最後逐漸退出世界史的主角地位。

與此同時，在西邊的義大利，有另一個緩緩升起的強權，那就是羅馬。

我們都知道羅馬總共分成三個時期：王政、共和，與之後的帝國時期。這次我要講的，主要是共和時期的故事。

如果你對歷史課本裡的東西還有一點印象，這個時期最有名的就是〈十二表法〉，是專門用來保障平民權利的。至於這個法是怎麼來的呢？如果你是羅馬的貴族，怎麼會吃飽沒事想到要立法來保障平民的權利呢？

這當然不是天上掉下來的餡餅啦！背後的故事，其實是這樣滴……

是說羅馬位於義大利中北部，建城的時間距今已經有兩千七百多年的歷史。整個國家起源於一個「母狼育嬰」的傳說：建城者羅慕路斯和弟弟被母狼餵奶而活了下來，長大後便建造了羅馬城，開始所謂的「王政時期」。

根據李維的《自羅馬建城》所述，羅馬王政總共出現七任國王，而故事就要從最後一任的羅馬王——「傲慢王」塔克文開始說起。首先，他成為國王的方式就很恐怖：上一任國王是他的岳父，但他為了獲得權力，在元老院發表了抨擊老丈人的演講，然後再把老丈人抱起來扔出元老院。

身為羅馬王，被這樣扔出元老院已經夠羞恥了，但更大的打擊還在後頭：他的女兒早就已經在外面埋伏，等爸爸被扔出會場時，馬上駕車從他身上輾過——老國王就這樣慘死在自家女兒手中。塔克文也名正言順當上國王。

在開始統治後不久，塔克文就獲得了「高傲者」的稱號。他以暴力維持統治，用恐

L. TARQVIN SVBERBVS

怖保護王權，靠私交和姻親關係拉攏貴族。但是成也貴族，敗也貴族，他的統治很快就出現問題，原因就在他那不成材的兒子，強暴了一名貞節的貴族婦女。

婦女在被強暴後，馬上通知父親和丈夫：家中有難，火速回家！

她一邊哭泣，一邊控訴王子的惡行，隨後就拿起暗藏的匕首，對丈夫說：「王子該怎麼處理，你們看著辦。但我不會爲自己開脫，不貞的女人就該受到這樣的懲罰！」說完，她就用力把匕首刺入自己的胸口。

來不及阻止妻子自殺的丈夫，默默抽出妻子身上的刀，看著上面的血滴滴落地。他憤怒地對天發誓：「諸神爲證，我將用鐵和血，盡我全力追擊塔克文。絕不容忍他的子孫或任何人在羅馬爲王！」

這兩名受害的貴族親屬號召起義。他們的遭遇激起民眾的仇恨，終於在西元前五〇九年成功推翻羅馬王塔克文。但在這之後，羅馬人決定不再擁立終身任期的國王，而是選出每年輪換的兩名執政官。羅馬的國體從此改變，從「王政」踏入「共和」。

但現在就有一個問題了：羅馬共和一剛開始純粹是貴族元老院和國王之間的鬥爭，在國王被驅逐之後，元老院應該可以高枕無憂地統治整個國家才對。但爲什麼他們還要立一大堆〈十二表法〉〈李錫尼法案〉來保障平民呢？

最大的原因就是：外敵入侵。

誓死捍衛自由的羅馬之盾

被推翻的塔克文當然超級不爽，於是他跑到羅馬周邊的王國，煽動其他國王說：「羅馬人趕走了他們的國王，你們的人民也會效法他們，驅逐他們的國王！」

塔克文的說詞顯示了一個眞理：在強大的威權政體旁，是不會容忍一個共和自由國度存在的。塔克文果然打動了其他王國，派遣大軍攻打新生的羅馬共和。但是羅馬的反應則帶出另一個眞理：人民一旦品嚐過自由，便會誓死捍衛它。

敵人如排山倒海一般襲來。這時，整個羅馬防線最薄弱的一個環節，就是臺伯河上的一座木橋。如果對方攻上這座橋，就可以直接攻入羅馬城。

羅馬士兵紛紛往後拔腿就跑，但是就在這時，一名叫做賀雷修斯的士兵，硬生生在這生死存亡的關鍵時刻，攔住了潰逃的士兵：「天啊！你們難道不明白逃跑是無濟於事的嗎？如果我們放棄這裡，敵人很快就會滿布羅馬城，我們也沒地方逃了。」

他接著要求後面的士兵不管用什麼方法，趕快把橋燒斷。自己則孤身一人站在橋前，面對湧來的敵軍，以一人之力，抗萬人之擊！

賀雷修斯的勇猛，先是感動了其他兩名潰逃的士兵，回過頭來和他並肩作戰。三人就這樣硬生生地撐了幾分鐘。過了沒多久，就聽見後面的聲音喊道：「橋快斷了、快撤回來！」

賀雷修斯要其他兩人趕快撤退，自己則是站在橋上殿後。對著敵人發動嘲諷攻擊：「你們這群暴君的奴隸！自己沒有自由就算了，居然還來破壞其他人的自由！哈哈哈哈哈哈……」

敵人玻璃心當場碎裂一地，立刻狂怒蜂湧而上。就在這時，木橋剛好應聲而斷，賀雷修斯跟著敵軍一起落入水中。

羅馬士兵緊緊盯著水面，不久後，軍隊中爆出了大量的歡呼聲，因爲他們看見全副武裝的賀雷修斯，竟然能夠在敵人猛烈的箭雨中，游過寬闊的臺伯河，回到羅馬的這一方。他的勇氣讓後人贈予他一個不朽的名聲——羅馬之盾。

錢你拿、血我流，哪有這回事！

但是，隨著羅馬一次次成功抵禦外敵，內部的紛爭也越來越嚴重。在戰爭剛開始的時候，羅馬人的確奮勇殺敵。但是隨著戰事頻繁，老百姓越來越覺得事情不大對勁。因爲整個羅馬共和的高級官職，都被貴族壟斷，但眞正上前線作戰的，是廣大的平民階層。

平民服兵役的時候，家裡沒有人種田，只能任憑農地荒蕪；然而當他們打勝仗回家後，發現貴族獲得了所有榮耀與戰利品，自己卻欠下一屁股債。好處都被貴族撈走。老百姓上場殺敵，回來後反而流落街頭，這是哪招？

根據歷史學家李維的記載，一起事件導致平民的不滿徹底爆發了：某天，有名穿得破破爛爛的老乞丐出現在眾人面前，他的臉色蒼白、身形憔悴，一頭凌亂的頭髮和鬍鬚看來就像個野蠻人一樣。後來大家才知道，這名老乞丐竟然曾經是位戰功彪炳的百夫長！

原來當他在前線作戰時，老家的農地就荒廢了。回來後爲了生存，他只好賣掉祖父和父親傳下來的土地。他說：「衰敗像傳染病一樣，一件件奪走我所擁有的一切，甚至包括我自己。我現在已經變成債主的奴隸了。」

老乞丐的控訴，和他背上清晰可見的鞭痕，引起了平民的騷動與憤怒。他的故事證明了債務會讓人淪落到何等悲慘的處境，也證實了有無數羅馬平民已經被債務逼到走投無路。

面對人民的憤怒，由貴族組成的元老院本想強力鎮壓，但是這時候好死不死，另外一個外敵又開始入侵羅馬！

元老院大爲恐慌，馬上又開始打出「我們都是羅馬人，一起捍衛國家吧！」這張牌，但平民早就不買帳了，大喊：「反正都要毀滅了，不如大家一起同歸於盡。貴族誰愛打，誰去打！」

結果，沒有半個老百姓願意報名參戰。不僅如此，羅馬軍隊還撤退到附近的聖山上拒絕出面。

這種武裝撤離運動，是整個羅馬共和時代最強烈的抗議行動。之前，即使是在兩邊矛盾最衝突的狀態下，羅馬也不曾爆發過眞正的血腥鎮壓。於是，在武裝撤離的要脅下，元老院只好派遣一名廣受平民階層歡迎的代表前去談判。

平民要求，必須要有人代表平民階級的利益。終於在西元前四九四年，羅馬共和出現了「護民官」這個官職。就在這個時期，保護人民私有財產的〈十二表法〉也跟著確立，總算對貴族的權利稍有限制。之後，隨著領土擴張，羅馬共和終於把領土跨出了義大利半島。

但是很快地，他們就會遇上最可怕的敵人：迦太基。

歷史課本只有這樣說：

「公元前五〇九年，因國王暴虐無道，羅馬人推翻王政，建立共和。……共和時代初期，貴族壟斷羅馬的政治和經濟特權，平民對貴族抗爭的手段是撤離羅馬運動。貴族未獲平民支持，不得不讓步，創設護民官保護平民權益。」

第六講 通商之國迦太基，是羅馬共和的噩夢？

——漢尼拔的故事

上回，我們說到西元前四九四年，羅馬平民發動了一場武裝撤離運動，導致元老院不得不讓步設下「護民官」一職。從那之後，羅馬開始向外擴張。隨著羅馬勢力在地中海逐漸增強，勢必會與其他傳統強敵接觸。而這時最大的敵人，就是位於北非的迦太基。

事實上，迦太基與羅馬完全是兩種型態的國家。

羅馬以農立國，迦太基則是一個富裕的經濟強國。從羅馬的觀點來看，迦太基就是一群品味奇怪的東方人。他們留著鬍子，穿著寬鬆的長袍，上面掛滿了奪目的裝飾品，還渾身塗滿香油。

而迦太基對羅馬的仇恨甚至更勝一籌。早在西元前二六四年，這兩個國家就曾經交鋒，結果迦太基被打敗。這次我要說的，是半個世紀後的迦太基復仇之戰，以及軍事天才漢尼拔的故事。

故事要從第一次布匿戰爭之後開始說起。戰後的迦太基不但失去了西西里島，也失去了地中海的霸權。當時，年僅九歲的漢尼拔被他深深崇拜的將軍父親，帶到一處陰暗的墓室。在那裡，他被迫親手宰掉活生生的祭品。

他一刀劃下祭品的動脈，將血液裝在一個盆子裡。接著，他父親要他把手放進溫熱的血液中發誓：

「從今以後，誓將與羅馬爲敵！」

小小的漢尼拔記住了。他把父親對羅馬的仇恨，轉變爲自己的。

西元前二一八年，漢尼拔率軍攻打位於西班牙的羅馬附屬城市薩貢托。在經過八個月殘酷的圍攻後，漢尼拔下令殺死整座城市的成年人口，並且將大量又豐富的戰利品送

HANNIBAL

達迦太基，來爲自己做公關。

這件事情立刻在迦太基引爆論戰。

攻打羅馬的城市??有些迦太基元老立刻表示反對，大聲疾呼：「難道你不知道事關兩邊民族的命運？城牆將會在我們頭上崩塌！」

但是大部分元老都支持漢尼拔的行動。迦太基已經忍讓羅馬太久了，所以當羅馬特使前來要求交出漢尼拔時，迦太基元老院立刻噓聲四起。

羅馬特使眼看情況如此，便做出一個非常戲劇性的動作。他捲起自己羅馬袍的兩個袖子，對迦太基元老院說：「在我的袖子裡，藏著戰爭與和平，你們想要哪一個？」

主持的迦太基執政回他說：「你自己選吧。」

短暫的停頓後，特使放下一邊袍子說道：「戰爭掉下來了。」

迦太基元老立即叫囂回應：「那我們就接受它！」

為了部落！地獄之軍出發！

當戰爭的號角響起，漢尼拔開始了他的戰略計畫。

他放棄在南義大利與羅馬正面交鋒，而是組織一支強大的遠征軍，其中包括九萬名步兵、一萬名騎兵，還有戰象部隊，從西班牙繞過阿爾卑斯山到北義大利，從羅馬的後方猛烈突擊。

但是問題來了：以當時的交通條件，在沒有後勤支援的情況下，要帶領十幾萬兵馬穿過阿爾卑斯山，根本就是不可能的事。漢尼拔陷入猶豫，但在某天晚上，他夢見有個少年鬼被派來做爲他的嚮導。

這鬼魂告訴漢尼拔：跟著他，不要向後看。

但是當然，漢尼拔最後還是忍不住向後看了。他立刻看見一條巨大的蟒蛇，在雷聲之中撕裂地表。

慌亂之中，漢尼拔大聲詢問鬼魂：「這什麼意思？」少年告訴他：「這表示義大利遭受破壞。漢尼拔應該繼續往前走，不要再問問題，而是接受仍晦暗不明的命運。」

漢尼拔醒來，終於下定了決心，帶領十多萬軍隊出發。

果然，遠征的過程極度艱辛，冰雪長年覆蓋的阿爾卑斯山不但道路崎嶇，兩側還都是斷崖絕壁。駝獸一旦陷入冰層，就會被自身和貨物的重量卡住，黏在地上，好像整個結凍一樣。更危險的是馬匹，因爲牠們受傷時會陷入驚慌、死命往前衝刺，把所有擋在路上的東西都掃到旁邊。

就這樣，迦太基軍隊花了五個半月的時間，行軍一千六百多公里，原本的十多萬軍隊，最後只剩下兩萬左右。

但就是這支從地獄爬出來的軍隊，撼動了整個羅馬。

羅馬人本來希望在西班牙及非洲進行戰爭，但現在傳來的消息卻是漢尼拔和他的軍隊已在附近，而且早就包圍了義大利的城鎮。措手不及的羅馬被迫北上應戰，派出兩名執政官到戰場上，統帥規模達到史無前例的八個軍團。但元老院萬萬沒想到，就是這個舉動，導致羅馬遭受歷史上最大的慘敗。

沉穩老人與煽動家

是的，戰場上有一個永遠的眞理，就是只能有一名指揮。

原來，兩名執政官一位是沉穩的老人保盧斯、另一位卻是純粹的煽動家發羅，只是靠著胡亂承諾才得到人民的愛戴。（天啊！好有既視感）

就在兩名執政官上前線之際，羅馬人懇求他們：因為連年的兵役、賦稅，國家資源已趨於耗竭，這次前去，就務必要用一役結束整場戰爭，千萬不要再拖延了。

兩軍就在一個叫做坎尼的村莊附近對峙。沉穩的保盧斯認為漢尼拔缺乏糧食，無法持久，因此最好的方法是以拖延時間來耗盡兵力。

但煽動家發羅急須功勳來確立自己的地位。他提醒保盧斯，在他們離城時，人民囑託必須盡快結束戰爭。

「我們必須回應羅馬人的期盼！」

兩邊爭論不下時，迦太基的軍隊突然攻擊羅馬陣營，但隨後又假裝被擊敗。煽動家眼見機不可失，馬上整冠束帶，準備迎敵。保盧斯眼見無法阻止對方，只好假借神的名義：占卜說，今日不宜出兵！

煽動家不敢公然反抗神兆，只好悻悻然回營。但是一回營卻完全冷靜不下來，氣瘋的他當著全軍撕扯自己的頭髮，大叫說：「好好的一場勝利，卻因為同僚嫉妒被破壞了！」

軍心在浮動，眼看再不出兵，羅馬軍團的士氣就要崩解，保盧斯終於決定開戰。這場歷史上稱爲「坎尼會戰」的戰役非常可怕，漢尼拔使用了戰爭史上有名的「口袋戰術」，把較弱的部隊放在中間誘敵。當羅馬士兵一股腦湧上後，再讓中軍慢慢後撤，最後形成新月形的包圍陣勢。

就在這時，羅馬步兵失去了優勢，各部隊間施展不開，兩側的精銳部隊開始往中間靠攏，對已經在口袋中的羅馬步兵進行合圍。

結果，羅馬軍的兩翼皆被趕進口袋裡去。

沒見過坎尼會戰，不了解死亡

坎尼會戰是羅馬共和歷史上最慘重的一次失敗。

當時困在口袋裡數以千計的羅馬士兵，擠在一起動彈不得，聽著瀕死之人的哭嚎聲，在戰場上形成了詭異的恐怖景象。

許多人在幾乎可以煮東西的烈陽下，身穿一無用處的鎖鏈盔甲，還有像煎鍋一樣的頭盔。沒有飲水，只有死亡才能提供任何紓解。當時間一長，越來越多人脫水，癱軟在地上，被同胞的雙腳踐踏。

而在戰場最核心的地方，地面因羅馬人的汙血而變得滑溜，這又讓更多人因此跌倒。無助的人懇求同袍結束他們的性命，或乾脆自己動手。死亡及失禁所製造出來的臭味，必然已經蔓延散播到大氣中，混入那些注定要在此斷氣者的悲慘氛圍之中。

而隨著戰役結束，整個戰場有多可怕呢？

大約有四五五〇〇名羅馬士兵以及二七〇〇〇名騎兵的屍首，散落在一個大約一平方里的範圍內。

史書描述著超現實的狀況：

在死人堆中出現一個血淋淋的形體，一名羅馬士兵因爲屍堆中的涼意開始顫抖，但接著被他的敵人砍倒；一些人被發現躺在那裡卻還活著，大腿以及腳筋都被砍斷了，但他們可以露出自己的脖子及喉嚨，請求征服者將他們剩下的血給放乾。其他人則被發現將頭埋在地上挖出的坑洞裡，而他們顯然是自己挖出這些洞，將土壤堆在臉上來阻斷自己的呼吸。

隨著戰役的失敗，羅馬人民陷入了恐慌，街上充滿婦女的哭喊與尖叫聲。爲了安撫神明，羅馬甚至活祭了兩對男女。

在如此危急存亡之秋，漢尼拔的一個錯誤決定，反而拯救了整個羅馬。他沒有直接進攻羅馬，而是跑去攻打附近的各部落聯盟，打算在堅實的基礎上進行協商。

但這個時候，主戰派聽到漢尼拔做出這樣的決定，便說：「您知道如何贏得戰爭，但您不知道如何使用戰爭。」

果然，這個決定給了羅馬休養生息的時間。

西元前二一二年起，戰爭的主導權移轉到羅馬人的手中。他們直接進攻迦太基的老巢北非，逼得迦太基命令漢尼拔立刻返回非洲。一聽到返回北非的命令後，漢尼拔咬牙切齒，幾乎無法控制眼淚。他說：「那些從來不提供金錢與援助的人，老早就想把我召回。征服漢尼拔的人不是羅馬人民，而是迦太基的元老院。」

最後，漢尼拔還是回去了。離開的時候，他好幾次回頭遙望義大利海岸。他咒罵自己，爲什麼沒有在坎尼獲得全面勝利的時候，就直接攻進羅馬呢？但是，時機已經過去了。

西元前二〇二年，漢尼拔在自家門口的札馬平原上戰敗，從此迦太基一蹶不振。羅馬霸權也就在舊強權沒落的同時緩緩上升，但這時，羅馬卻面臨著更大的問題……

歷史課本只有這樣說：

「北非迦太基在公元前三世紀時發展為西地中海一大強權，為爭奪誰是地中海的霸主，共發生三次布匿戰爭。……迦太基最富盛名的將軍漢尼拔屢次重創羅馬軍隊，幾乎要占領羅馬城。」

第七講 炒房團是怎樣把羅馬共和逼上絕路的？

——從共和到帝國

上回我們說到了羅馬與迦太基的戰爭，接下來要回到羅馬本身。

事實上，整個羅馬共和就是不斷在「對外戰爭→貧富不均→平民反抗→改革」這樣的無限循環之中。到了西元前二世紀，羅馬已經變成了整個地中海世界的霸主。但是，羅馬平民的生活非但沒有變好，反而落入了一無所有的貧困境地。

為什麼會發生這樣的事呢？原來事情是這樣的：

羅馬鄉村原本是由一群自耕農所組成，這些人平常種種田、繳繳稅，國家打仗的時候就出來服個兵役。聽起來好像很合理對吧？

但不幸的是，這些農地在戰爭的時候就荒廢了，但國家還是需要糧食，所以此時這些耕地就紛紛被有錢人給兼併，還利用戰爭得來的奴隸幫自己工作。

根據加圖的《農業誌》，這些奴隸的日子極度悲慘：他們一年到頭只有身上一件衣服、每天都要勞動、除了睡覺就是幹活、不准和外界有任何接觸。一旦奴隸年老或生病後，地主就會設法把他們賣掉，以免增加負擔。

不過，貴族的生活倒是越過越爽，鄰近古老的希臘文明社會，也改造了羅馬人的生活和觀念。羅馬的頂級住宅，紛紛仿效希臘樣式，不僅有柱廊，連花園、臥室、浴室，全都使用貴重的大理石和浮雕裝飾。富有人家的婦女用鹿膏、熊脂、羊脂製成的髮油，保持頭髮光澤，甚至還有口紅和眉筆之類的化妝品。

等到小農民打完仗回來後，卻發現自己原本那自給自足的幸福小農莊，頓時像秋風掃落葉般被摧毀了。就算還保有自己農場的人，根本也沒辦法跟附近那些有狼性（咦？）的大型奴隸農場競爭。他們只能不斷舉債，一直到最後不得不賣掉農場，流落到城市成為遊民。

這個時候，一對叫做格拉古的兄弟，為了解決土地兼併的問題，開始了他們的土地改革法案。

拒絕保護民衆的護民官

西元前一三三年十二月十日，大格拉古就任護民官（這是羅馬共和任命用來保護平民的職務）。他才一上任，就推出了一項土地法案，限制每位公民擁有的田地，多的土地必須拿出來分配給貧民。

在公民大會上，格拉古對著所有人演講：「野獸都還有洞窟可以休息，但是爲了國家奮鬥捐軀的人，除了陽光和空氣，其他什麼都沒有。」然後他強調，「將軍在戰爭時會說，這些人是爲了保衛祖墳而戰。這全是謊話！他們只是在爲別人的功勳出生入死，自己卻連一小塊土地都沒有，這樣公平嗎??」

聽到這裡，平民很激動地高呼：「不公平！」

但是對地主階級來說，這項法案嚴重侵害到他們的利益。他們集合在一起，痛訴那些貧民怎樣想著要瓜分自己的土地。

而當法案一通過，大地主們更想方設法保有那些土地。這時，你可以看見這些人的創意。有些人說：「這裡是我家祖墳啊政府你要把我家祖墳都收走嗎？」「這是我給女兒的嫁妝啊我已經送出去了。」

地主們紛紛跑去求助於另一位護民官屋大維（不是之後奧古斯都的那個屋大維）。屋大維也屬於地主階級，所以在投票的時候，他硬是行使了護民官的否決權。

護民官竟然否決了保護民眾的土地改革！格拉古對此痛心疾首，但是屋大維爲了自己的利益，完全不願意讓步。雙方僵持不下，格拉古只好開大絕——向公民大會提出屋大維的罷免案。

罷免案的開票過程中，贊成票數一張張地開出來，就在票數即將過半、距離屋大維被罷免只剩下最後一張票的時候，格拉古當著所有人民的面，懇求屋大維不要阻礙這項最正義、也是對國家最有意義的工作。

「請你以護民官的身分想一想，不要破壞人民以如此熱誠所懷抱的願望，也不要冒著喪失自己職位的危險。」說完，格拉古便擁抱著屋大維。

屋大維站在會場中央的演講臺上，感動地熱淚盈眶。但就在這個瞬間，他轉頭看到支持自己的貴族，只好咬牙繼續堅持：

「否決！」

聽到屋大維的回應，格拉古絕望似地閉起了雙眼。

投票繼續進行，贊成票很快就過半了。就這樣，公民大會通過了屋大維的罷免案，同時也通過了格拉古的土地法案。

改革家慘死投票現場

時間飛逝，很快地一年護民官任期就要結束了。但是格拉古面臨到一個很嚴重的問題，那就是：護民官是不能連任的。

格拉古很掙扎，但是爲了避免讓自己的改革付諸流水，他毅然決定要競選下一任的護民官！

到了選舉的那一天。天剛大亮，羅馬廣場上就已經人潮湧動。

所有人都心知肚明，這次選舉關係著土地改革的生死存亡。格拉古一人的去留，牽動幾乎所有羅馬公民的利益。所以許多農民甚至不遠萬里前來首都，甚至還有從義大利中部前來的農民，早早站上有利位置，等待選舉結果。格拉古進場之後，群眾立刻投以熱烈的掌聲。

此時，格拉古勝券在握，但是在不遠的元老院裡，貴族卻各個心急如焚，要求羅馬的最高首長執政官逮捕格拉古。

元老院對執政官說：「格拉古現在尋求連任，這是破壞共和的行爲！爲了維護共和，你必須要以實行君主制的罪名逮捕他！」

但是執政官卻拒絕發出逮捕令：「我看不出格拉古到底有什麼叛國行爲。」

元老院貴族氣急敗壞地大喊：「法律明文規定高級官員不得連任，格拉古卻想要非法連任，這難道不是獨裁嗎？他擔任護民官以來，就不斷打擊元老院，還妖言惑眾，搶劫公民的合法財產。他罪大惡極，早該被處死了！」

與此同時，公民大會議場的氣氛也越來越緊張，也有人勸格拉古暫時避避風頭。一名格拉古的支持者看到其他人神色緊張，立刻問：「怎麼了？怎麼了？」

格拉古想警告他的支持者，於是把手放在頭上，做了個生命受到威脅的手勢。但這個手勢好死不死被元老院的支持者看到了，驚慌地跑回元老院，對著議員大喊：「糟糕了！格拉古正在要求一頂王冠!!!人民就要擁護他當國王了！」

現場立刻大亂，元老院貴族要求執政官即刻下令，逮捕格拉古，但執政官依舊拒絕。

眼看情勢不利，領頭元老轉身就對著其他議員大喊：「執政官已經背叛國家了，想要挽救祖國的人跟我來！」

說完，他用自己的羅馬長袍纏著頭，有一說這是一個戰鬥的標誌。他們拆下那些提供人民會議用的長凳和家具，走到會場後便二話不說，立刻上前展開一場你死我活的混戰。

整場肉搏最後的結果是——三百多人倒在血泊中。格拉古一邊還擊，一邊朝後方撤退，卻不小心被屍體絆倒，還沒有完全站起來，就被政敵用一條板凳擊倒，跟著就是第二下、第三下……

一位改革家，就這樣慘死了。

這場血案是羅馬自共和以來，第一次自相殘殺的事件，從此羅馬進入一個充滿痛苦的歷史發展時期：

格拉古的慘死開了一個可怕的先例，普通公民之間不僅可以用殺戮解決爭端，而且連人身不受侵犯的高級官員，也可以不經審訊，便將其置於死地。在之後無盡的內戰時

TIB. GRACCVS
TRIBVNVS

代中，出現了無數名像蘇拉、龐培、凱撒的人物。

而一直到公元前三十年，屋大維（這次就是奧古斯都的那個屋大維了）消滅埃及托勒密王朝，結束羅馬內戰，才開啓了長達三世紀的盛世。歷史學家給予這個時代一個名詞——羅馬和平（Pax Romana）。

不過大家不知道的是，這時就在遠方的敘利亞，將興起一個全新型態的宗教。大家更不知道，這個宗教將會左右整個歐洲的歷史……

歷史課本
只有這樣說：

「羅馬國內因土地兼併嚴重，造成平民要求土地改革。公元前二世紀後半期之後的一百餘年間，是羅馬共和內戰時期，促使軍事獨裁者興起。」

第八講 羅馬宗教自由，為什麼唯獨基督教被迫害？

——還有一大票人想殉道？

上次說到西元前二十七年，屋大維終於平定內戰，獲得了最終的勝利。就在此時，他卻做了一個讓元老院想都想不到的事：

這一年，他宣布恢復共和政體，將內亂時期他的各項特權交回元老院。元老院全都瘋了。三天後，元老院給予屋大維「奧古斯都」這樣的稱號，意思是「神聖」「崇高」。在這之後長達兩百多年的時光裡，羅馬再也沒有陷入長期內戰，境內也無比安寧。這一時期的經濟、文化、軍事、藝術，都達到前所未有的高峰，因此後世也將這段期間稱爲「羅馬和平」。

但就在這河清海晏、水波不驚的巨大帝國裡，遠方的猶太行省上興起了一支前所未有的獨特教派。在當時，幾乎所有人都沒想到，這個教派日後竟然改變了整個歐洲，甚至主導歐洲政治長達千餘年——這教派就是基督教。

那麼現在的問題是：基督教是怎麼興起的？羅馬帝國為什麼又要迫害基督教？最後則是，迫害的眞實情形究竟爲何呢？

早期基督教徒簡直像聖人！

首先我們要知道，不管是在羅馬還是任何一個古典時代，基督教都是一個非常特殊的存在。

根據吉朋的《羅馬帝國興亡史》，宗教問題在古代世界裡是非常和諧的，一些彼此極不相同、甚至互相敵對的民族，通常也容易接受或尊重彼此不同的信仰模式。但在這全人類的宗教和諧大家庭裡，卻唯獨有個種族拒絕參與，那就是長久以來被各種古文明接連踩在腳下的猶太人。

說起來，猶太人的命運也眞是夠慘的。不知道是不是因爲身處的敘利亞實在風水太差，導致誰是西亞強權，誰就統治了以色列（話說回來，這跟臺灣也是滿像的，基本上我們就是西太平洋海權爭霸戰的冠軍獎杯）。但事實上，猶太人的苦難歷史可能正是他們發展出獨一無二的一神教之由。

關於這一點，尼采說得很狠：「他們遭受不公正的對待，又沒有反抗的勇氣，因此就把一切希望寄託在一個強力而公正的人身上，期待他能替自己實現正義，這種希望的終極形式便是『上帝』。猶太人始終相信，會有一個彌賽亞來拯救他們這個苦難的族群。」

基督教繼承了猶太教的一神信仰。但它和猶太教最大的不同，在於猶太教一般來說僅限於在猶太人之內傳播，基督教卻是向外邦人宣傳的宗教。

在耶穌死後，徒弟彼得和保羅就開始在羅馬帝國到處傳道。而且憑良心說，在道德教化上，早期基督教還眞的發揮了良好的功效。

原來是因爲和他們同時代的異教徒比起來，早期基督教徒看起來簡直像聖人一樣。他們淡泊、簡樸，做生意絕不偷斤減兩。而世人對他們的鄙視，則鍛煉了他們謙虛、溫和與忍耐的習慣。越是受到迫害，他們便越是緊密地彼此結合在一起。簡而言之，基督教簡樸淡泊的道德觀，恰恰是當時腐敗的羅馬社會的修正版本。

那麼照此說來，面對一個如此純樸緊密的團體，羅馬社會應該展開雙臂歡迎才是。但爲什麼歷史上所顯示的，卻是基督教如此不見容於羅馬社會，甚至必須要除之而後快呢？

根據《羅馬帝國興亡史》，吉朋說關鍵的原因有兩個：

其中之一是因爲基督教是一神教。就像之前說的，古代信仰是很自由的，但世界上各種宗教之所以能和平共處，主要是由於各民族對他人的宗教傳統和儀式都表示認可和尊重。

因此，不難想像如果現在有某個教派或民族，聲稱只有他們了解神的旨意，並且把這個教派以外的一切宗教儀式都視爲偶像崇拜，當然會讓其他宗教的信徒爆氣。

對其他人來說，事情很簡單：獲得容忍的先決條件是忍受其他人，如果有誰拒絕履行這由來已久的義務，那麼獲得忍讓的權利自然也就不復存在了。但是一講到這，就會有人問：「但猶太人雖然在羅馬帝國內不是那麼受歡迎，還是能夠保有他們的傳統信仰。那爲什麼基督徒不行呢？」

這就牽扯到另外一個更加尖銳的原因了：因爲猶太人是一個「民族」，而基督教只是一個「教派」。

在那個年代，整個世界普遍的認知是：每個群體的成員都有一項神聖責任，就是捍衛他們祖先所建立的制度。這是他們應盡的民族義務。但是現在，許多基督徒由於信仰了一神教，就犯下了那個年代最不可饒恕的罪行——切斷了自己與傳統間的神聖紐帶、破壞了國家的宗教制度，並狂妄地詆毀他們先祖長期信仰的一切。

幾乎每名基督教徒都以厭惡的情緒拋棄了他的家族，並且拒絕再和羅馬帝國的神祇與傳統保有任何關係。按照古代人的邏輯，他們無法理解任何人竟然會這樣對代代相傳的信仰有所懷疑。而他們的驚愕很快就變成憎恨。因此在這種情勢下，針對基督教的迫害就開始了……

求求你！讓我為了神而死！

西元六四年，羅馬帝國首都遭到一場聲勢空前、前所未有的大火災肆虐。

面對越來越嚴重的輿論反對，當時的羅馬皇帝尼祿把這場大火怪罪於基督徒。至於當時的迫害情況，羅馬史家塔西佗是這麼說的：「有的人全身被縫上獸皮，丟給發狂的獵犬撕咬；有的人身上塗滿易燃物，然後被火點燃，成爲皇帝花園內的火把。」還有人被釘在十字架上，包括耶穌的門徒彼得。但由於和耶穌同一種死法實在太神聖，他乞求羅馬士兵將他倒吊釘死。

在基督教統治西歐後，羅馬一直有「十大迫害」這樣的說法，而尼祿就是迫害基督徒的第一人，所以之後基督教對他沒好話也就可以想像了。

不過事實上，基督徒所受到的迫害絕對沒有基督教會宣稱的那麼大。所謂十大迫害，其實是西元五世紀的教會作家，根據埃及發生的十大瘟疫、《聖經》啓示錄裡提到的怪獸十角所聯想出來的。

其實，絕大多數在各省擁有生殺大權的地方官員，大都溫文爾雅、頗有教養。他們尊重法治精神，通曉各種哲理。即使皇帝的迫害命令下來了，他們還是盡量用自己的權勢去幫助一直遭受迫害的基督教徒。在大多數情況下，他們一般都給基督徒一些比較溫和的處罰，比如說監禁、流放或者發配到礦山，讓這些不幸的教徒抱有一線希望。將來有一天遇上新君繼位、皇室婚姻，或是大赦天下的時候，他們很快就可以恢復自由之身。

不過很令人詫異的，反倒是基督徒更樂於爲信仰殉道。

根據吉朋的說法，基督教的教父不辭辛勞，反覆對人們宣講殉教的烈火將如何彌補人的一切罪過、將如何洗清一切過錯，以及普通基督教徒的靈魂必須要經過一個緩慢而痛苦的淨化過程，而只有那些通過考驗的受難者才會進入永恆幸福的天國。

就因爲這種清洗靈魂的概念，使得基督徒紛紛追求成爲「殉道者」。根據當時的描述，那時的基督教徒渴望成爲殉教者的急切心情，甚至更甚於求得一個主教的職位。

其中一位聖徒依納爵狂熱地乞求羅馬人，在他被投入鬥獸場的時候，千萬不要出於好心進行干預，以免奪去他將獲得的殉教者光榮。他並聲稱，自己已經決心要激怒那些野獸。其他的基督徒甚至會故意惹獅子發怒、刻意催促劊子手趕快行刑，或興高采烈地往烈火裡跳去，並且在那劇烈的痛苦折磨中，表現出無比歡欣的姿態。

在這一切聽起來就很毛的景象中，有些故事還提到部分狂熱份子甚至因爲沒有被人告發，就主動坦白自己的信仰、粗暴地去攪擾異教徒公開的宗教儀式，或成群結隊湧到羅馬地方官的法庭周圍大喊大叫，要求官府治他們的罪。

異教徒整個黑人問號。他們不理解這群基督徒這樣做，究竟是出於什麼動機。

有個故事提到羅馬總督安托尼努斯總是對於審判基督徒非常謹慎，就算是大批的基督徒前來，他也只會挑選出少數幾人來定罪。

他原本以為自己的寬容好棒棒，但基督徒的反應卻整個出乎他的意料之外：絕大多數的基督教徒反而辱罵和鄙視他。這位亞細亞行省的總督完全無法理解，甚至說：「如果你們眞的對生活如此厭倦，找一根繩子或是一處懸崖，不是簡單多了？」

事實上，在羅馬帝國的鼎盛時期，一直並未對基督徒採取嚴厲措施，但是這並不代表基督徒誇大了他們的苦難。

西元三世紀後，一連串的內憂外患加上基督教越來越強大，基督教與異教徒的矛盾也隨之越來越嚴重，終於讓羅馬皇帝展開最嚴重的一次鎮壓。

殉教時代就此正式展開……

歷史課本只有這樣說：

「早期羅馬帝國對境內各種宗教都採取寬容的態度，但基督徒拒絕敬拜羅馬皇帝的塑像、不參與帝國的活動，又加上祕密聚會，引起羅馬當局的疑慮。」

第九講

基督的勝利

——羅馬為何停止迫害基督教？

上回講到了基督教在羅馬帝國的興起，以及基督徒在羅馬遭受的迫害。其實一開始，在羅馬和平的兩百多年當中，羅馬官員的審判並不是那麼嚴厲，但是從西元三世紀開始，羅馬本身陷入了一連串的危機。在外患與內憂的夾擊下，由宗教所引發的衝突也越演越烈。而整個「三世紀危機」，要從一名叫做尤利安努斯的人說起……

尤利安努斯本來就是一個追逐金錢又貪得無厭的人，在西元一九六年的某一天，他突然聽到羅馬禁衛軍叛亂，把才即位八十七天的皇帝給殺了。他立刻趕到羅馬禁衛軍營，站在營門口向士兵大喊：「選我！選我！選我當羅馬人的統治者！」

但好死不死，營區裡面也有一個人想要當皇帝。所以根據當時的史家記敘，接下來所發生的事情，是整個羅馬歷史上最無恥的一場交易，因爲羅馬和整個帝國，就像市場上的拍賣一樣成爲交易物品。兩人一個在裡、一個在外，開始對著羅馬的王位喊價。

他們喊價的金額越來越高，最後尤利安努斯的競爭者甚至喊到一名士兵出價兩萬枚銅幣。士兵紛紛衝去找營門外的尤利安努斯：「裡面的人出價這麼高，你可以出更高的價嗎？」

尤利安努斯把牙一咬、把心一橫，一口氣多加了五千枚銅幣，來到一名士兵兩萬五千枚銅幣。因此羅馬禁衛軍不再猶豫了，他們從營門外迎接尤利安努斯，宣布他爲皇帝。

拍賣王位是羅馬建國以來絕無僅有的事情。政治腐敗導致經濟崩盤、民不聊生。大家都沒錢的情況下，盜賊四起，偏偏日耳曼人在此時開始大舉入侵歐洲。各種內外交迫下，羅馬的有錢人開始離開城市、退回鄉間，並在領地周圍築起防禦的城牆，出現了中世紀歐洲封建制度的雛形。

一位基督教的主教在一份書信裡，這樣寫到西元三世紀的特點：「看啊！道路被匪徒盤據、海上被海盜封鎖，到處都是戰爭和血腥的恐怖，全世界更撒滿了互相屠殺的鮮血……爭執激烈到令人發狂的地步，羅馬人之間沒有和平。市場上響徹敵對的叫罵聲，到處都有短劍、標槍、拷問道具、鉗子和拷問臺，還有火。」

最後，一名叫做戴克里先的皇帝挺身而出，終於讓羅馬恢復了昔日的和平。但也是這名皇帝，開啓了羅馬史上最後一次，也是規模最大的基督徒迫害行動。

忍無可忍，就換套新方法

戴克里先是一名道地的軍事皇帝，他做的所有事情都是以軍事爲最終目的。在幾經考量後，他做出一件驚天動地的事情：將羅馬分成東西兩部，設立四位皇帝分別治理，而自己則擔任東部的正皇帝。

在四位皇帝的努力下，羅馬終於脫離三世紀的混亂危機，贏得了四十年之久的和平。不過這時，基督教的勢力已經壯大起來，傳統宗教和基督教的矛盾日深，終於在戴克里先時代爆發出最大的鎮壓行動。

原來在西元三世紀時的基督教，已經和古代基督教不同了。幾乎在每一座城市裡，原本小小的教堂越來越人滿爲患，基督徒於是就在原來的位址上修建起更爲壯麗和寬敞的建築，以供信徒們舉行公共禮拜之用。

但是在表面的興盛中，基督徒的狂熱情緒和迅速發展，已經把異教徒從冷漠的情緒中喚醒。基督徒兩百多年來的不斷公開挑釁，更使異教徒終於忍無可忍。而其中擁有這種情緒最明顯的人，就是東帝國的副皇帝伽列里烏斯。

就像戴克里先一樣，這名副皇帝也是一切以軍事爲重的軍人。但在一次公共節日，他眼見一名皈依基督教的百夫長，竟然扔掉自己的武器和軍銜高聲大叫：「我將永遠不再使用殺人的武器，不再爲偶像崇拜的主子們效命。除了那永恆的王耶穌基督以外，我誰也不服！」

一名百夫長竟然爲了基督教放棄軍階！這件事立刻敲響了伽列里烏斯內心的警鐘。後來，他和皇帝戴克里先一起過冬。可想而知，整個冬天他不斷對戴克里先說：「這些基督徒否認羅馬的神靈和制度，而且已經實際在羅馬境內創立一個自行其事的共和國。他們已建立了教會、擁有自己的律法和行政官員，也有了自己的金庫。但現在他們還沒有任何武裝力量，在這以前，我們還有可能鎮壓他們。」

類似這樣一些論據，似乎終於使戴克里先下定決心，採取一套新的迫害政策。

西元三〇三年二月二十三日是羅馬的地界神節。天才剛亮，禁衛軍隊長就在軍隊、護民官與稅務官的陪同下，來到人口最稠密、風景最秀麗的高地大教堂。一群士兵撞開大門，蜂湧衝進教堂，把所有能看見的東西都砸爛。才幾個小時，整座建築就被夷爲平地。當基督徒還來不及會意過來的時候，第二天迫害令就公布了。

法令明文規定：要徹底拆毀帝國內所有行省的基督教堂，所有祕密集會的人都處以死刑，並沒收全部的教會財產。拒絕服從的人，將徹底失去公民權。此外，所有基督徒都將不再受法律保護。也就是說，法官可以受理控告基督徒的案件，但是不允許基督徒提出告訴。信奉基督教的人，將會受到法律的制裁，卻得不到法律的保障。

一把火，熊熊燃燒了你和我

然而儘管迫害令已經開始，戴克里先仍保有一絲理性，阻止了副皇帝準備燒死所有基督徒的命令。只要他們重新信仰羅馬公教，就能夠恢復公民權。但是，在戴克里先遭遇一場空前的危機之後，他心中原本的遲疑，統統轉化成了怒火，熊熊反撲到基督徒的身上。

原來在短短半個月內，戴克里先的皇宮與臥室先後遭到兩次火噬，而根據調查，這兩起火災很可能是狂熱的基督徒所爲。因爲他們與宮廷裡的宦官合謀，企圖將戴克里先置於死地！

這下沒有懸念了。

這兩起火警讓每個人，無論基督徒或非基督徒的心中都充滿猜疑和憤恨，特別是戴克里先。到處都可以見到各種形式的刑訊逼供，隨處都遭到被處決之人的血跡所汙染。

在義大利各地的殉道者不斷激增。根據當時的描述紀錄，基督徒被鞭打到皮開肉綻，還在傷口上撒鹽巴和醋；或是把肉一塊塊割下來餵野獸；或綁在十字架上讓飢餓的野獸撕咬。有些人的手背被劍戳穿；有些眼球被挖出來；有些被綁著手腳吊起來；有些喉嚨裡被灌入融化的鉛；有些被砍頭；有些被釘死在十字架上，或被亂棒打死；甚至還有人被五馬分屍。

對基督徒的逼迫就這樣持續了八年，總共死了將近一五〇〇名教徒。

直到戴克里先退位、君士坦丁掌權初期，迫害都仍未停止。

據說，君士坦丁登基後沒多久，就染上了痲瘋病。這時候，一名基督教主教不顧眾人勸阻，硬是要去幫君士坦丁治病，臨走前還帥氣地說：「羅馬的尊嚴是從憐憫的泉源中誕生的！」

基督教聖徒可能眞的有治痲瘋病的技能。因爲果不其然，那名主教眞的治好了皇帝的病。

君士坦丁又驚又喜地說：「天啊！這眞是太神奇了！你是怎麼辦到的??」主教則回：「這一切都是聖彼得的恩澤技能啊。」

從此以後，皇帝開始對基督徒抱有好感。而最重要的轉變，則是因爲一場戰爭。據說在那場戰爭裡，君士坦丁看見了基督的神蹟……

西元三一二年，君士坦丁率領四萬軍隊往北義大利前進，米蘭大開城門迎接，整個北義大利都被他納入版圖。

當時占領羅馬城的，是他的對手馬克森提烏斯。他是頗爲迷信的人，在君士坦丁兵臨城下之際，他拜見了古羅馬的神祇，最後得到的答案是：「在這一天，羅馬的敵人將會毀滅。」就是這道神諭，讓馬克森提烏斯決定開城迎敵。

眼看戰役即將開打，君士坦丁就在前一天晚上看見了一個異象：在空中有一個X和

P交疊的符號，以及一道神諭，祂說：「憑著這個符號，你必將得勝。」

於是，君士坦丁把這個符號放在軍隊的旗幟與盾牌上。然而事實上，沒有人知道這個符號是什麼意思，但君士坦丁硬是把這兩個字母，當成希臘文「基督」的意思。（編按：X（chi）以及P（rho），這兩個字正好就是希臘文「基督」（ΧΡΙΣΤΟΣ）的頭兩個字母。）

在這場戰爭中，馬克森提烏斯遭遇了毀滅性的失敗。

戰爭結束後，君士坦丁進入羅馬城，看到馬克森提烏斯的頭被插在一根長矛上遊街。此時，君士坦丁終於穩坐西方霸主的寶座，至於大家之前都看不懂的XP符號，被後世稱爲「凱樂符號」，變成基督教勝利的標誌。

這場戰爭改變了君士坦丁的信仰，也改變了基督教的走向。

隔年，君士坦丁大帝便頒布了〈米蘭敕令〉，宣布羅馬帝國境內可以自由信仰基督教，同時發還之前沒收的教會財產。這道關鍵的命令，宣告了一個永難逆轉的歷史轉捩點：

基督教，從此合法了。

歷史課本
只有這樣說：

「羅馬……從第三世紀開始，一些軍人可以憑藉軍隊的擁戴竊據地位。軍人為爭奪帝位內戰不斷，導致勞動力短缺。二八四年，軍人戴克里先成為羅馬皇帝，他認為帝國過於龐大，於是將帝國分治。三一三年，君士坦丁大帝基於國家統一和社會安定，頒布〈米蘭敕令〉，承認基督教為帝國內合法宗教。」

第十講 不要吝嗇幫別人加冕。誰戴王冠，你有權決定！

——教廷崛起與克洛維

上一章說到君士坦丁在西元三一三年發布〈米蘭敕令〉，基督徒也不再遭受迫害。之後又經過了一百五十多年，於西元四七六年，最後一任西羅馬皇帝被自己的蠻族將領奧多亞塞給罷免。奧多亞塞向東羅馬皇帝交還了西羅馬的印信和紫袍，宣誓效忠東羅馬，並自封為義大利王。西羅馬帝國就這樣默默地滅亡了。

接下來，歐洲進入了國名多到讓人想死的蠻族割據時代。出現了什麼東哥德、西哥德、汪達爾、倫巴底等國家。但是別擔心，其實沒那麼複雜，因為你只需要記得兩個名字：東哥德王國，以及最重要的法蘭克王國。

原來西羅馬滅亡後，許多國家都想要君臨西歐，但怎樣才能成為羅馬帝國的繼承者？到底是誰說了算？

什麼？你覺得是羅馬教廷嗎？

事實上，教廷那時還不成氣候。當時被整個歐洲世界認為是古羅馬繼承者的，就是還活得好好的東羅馬帝國。所以蠻族國家想要統治西歐，當然要尋求東羅馬的支持囉。

就這樣，東哥德王國的國王狄奧多里克，就這樣華麗地登場了

是說，東哥德人主要居住在今天烏克蘭這個地方，這裡本來是匈奴人的附庸國。可怕的「上帝之鞭」匈奴王阿提拉死後，東哥德和其他附庸國立刻開始了自己的獨立戰爭。

在維也納附近的東哥德王子焦急等待最後戰果。就在這時，戰報傳來，東哥德大獲全勝！同時，宮廷也傳來王妃平安生下小王子的好消息。這名小王子，就是將來統治羅馬城三十多年的狄奧多里克。

東哥德王子的治國引發了宗教分裂

狄奧多里克在宮廷裡快樂地成長到八歲左右。之後，為了鞏固與東羅馬的邦交，就被送到東羅馬當做人質。等到他成年後，野心勃勃的狄奧多里克把目光放到富庶的義大利身上。所以他跑去跟東羅馬皇帝說：「讓我去打義大利，然後我們平分！」

對於東羅馬皇帝來說，這當然是一筆穩賺不賠的生意。放任東哥德在自己身邊閒晃，鬼才知道哪天他們會不會突然心血來潮攻打自己；但如果去進攻義大利，自己身邊少個隱患不說，還可以順便收回整個羅馬的發源地。

於是，東羅馬立刻批准狄奧多里克，同時還撥付鉅款資援軍費。

接著，狄奧多里克召集了東哥德人的二十萬兵力，以餓虎撲羊之勢向義大利前進。在經歷整個冬天的漫長行軍之後，他們終於迎來了眼前富庶安樂的北義大利平原。但是，統治義大利的日耳曼人奧多亞塞也不示弱，一聽到消息後便連忙率領日耳曼聯軍抵擋東哥德。

狄奧多里克轉頭對著自己的士兵喊道：「大家看！富庶的義大利已近在眼前，東哥德全族命運在此一戰。戰敗，我們就死無葬身之地；戰勝，我們就可以在義大利建立自己的王國！」

東哥德軍隊沸騰了！全軍將士輕裝簡行，向前猛攻。奧多亞塞雖然仍帶著年輕時那股英發朝氣，率領日耳曼聯軍抵擋東哥德，但是他的黃金時期已經過去。在經過苦戰後，東哥德終於拿下了整個義大利。

當威風凜凜的狄奧多里克來到義大利，城中主教便率領所有神父，手持十字架、香爐、聖經，跪在地上祈禱新主人爲義大利帶來和平。狄奧多里克則當場發誓：他將以義大利王的身分，爲全義大利人的福祉而奮鬥。幾天之後，狄奧多里克就以慶祝和平的名義宴請奧多亞塞。

奧多亞塞無法拒絕，但就在進入豪華的內殿之後，突然從兩邊竄出大批士兵，手持刀劍瞄準他，而狄奧多里克也緩緩抽出自己的寶劍。

奧多亞塞大驚，仰天大叫：「你這背信忘義的小人，你殺害盟友，神當有知……」但話還沒說完，狄奧多里克的寶劍就迎面而來，活活把奧多亞塞劈成兩半。接著也把他的王后、王子、僕從全部餓死。東哥德王國到此時才算正式成立。

雖然成立的過程有點卑鄙，但是在歷史評價上，狄奧多里克算是把義大利治理得有聲有色。他不僅恢復了羅馬舊有的政治體制，讓義大利彷彿回到過去的安寧富足。此外，他也以非常寬容的方式統治東哥德王國。但就是這種寬容，導致了他的敗落。

因爲，有人不喜歡國王這樣的寬容。

這些人就是基督教的正教徒。

原來，早在基督教才剛結束被迫害的日子後沒多久，基督教就開始網內互打了：兩派人馬圍繞著「耶穌是人還是神」這個問題爭論不休，到最後，他們得出來的結論倒是滿方便的：「耶穌同時是人也是神」。

這件事聽起來好像沒什麼，但其實比你想像的還要嚴重。

要知道，羅馬教會認爲自己是彼得奉耶穌之命建立的，如果耶穌是個超凡入聖的人，那麼他授命建立的羅馬教會，就只是個人造的普通教會罷了。這對宣稱「耶穌擁有神性」的羅馬正教徒來說，是無法接受的。而狄奧多里克對待異端的寬容政策，也令他們十分痛苦和反感。

狂熱教徒就在義大利各城市，例如羅馬、米蘭、拿坡里，到處攻擊敵對的教徒，地方官則奉命逮捕這些鬧事者，並拉到大街上鞭打。情況好像一下又回到了過去基督徒殉教的時代。此時，羅馬教會急於找到一個新的支持者，而另外一個強大的蠻族國家法蘭克王國，似乎就是他們的新希望。

法蘭克國王的信仰改變世界

法蘭克王國是所有日耳曼民族中建國最晚的一支，卻也是最強大的。這一切都要歸功於一位叫做克洛維的國王。當他年輕時，聽說鄰國的公主長得很標緻，於是就帶著兩片黃金當做聘禮，半買半送地把人家給搶了過來。沒想到，這名王后是虔誠的基督徒，所以一天到晚在克洛維耳邊吹枕頭風，勸他改信基督教。但不管怎麼勸，克洛維始終不肯答應。

過沒幾年，王后為克洛維生下可愛的小王子。於是，王后趁機對國王說：「小孩出生要受洗，我已經請大主教過來幫小孩受洗了，你看要不要順便……」

克洛維：「滾！」

第二年，法蘭克王國邊境爆發戰爭，克洛維的王后再次勸他：「快改信基督教啦！

不然耶穌不保佑你喔！」

克洛維終於被王后煩到受不了：「好！如果這次大戰，耶穌基督能讓我反敗為勝的話，我就改信基督教。」

最初克洛維竟然連戰連敗。這時，不知道為什麼，他突然想到自己跟王后的對話，接著開始在心底暗暗祈禱耶穌保佑。結果說也奇怪，最後還真的反敗為勝、大敗日耳曼聯軍。就在他凱旋歸國後，克洛維也眞的信守當時的諾言，在聖誕節那天率領三千多名法蘭克貴族，由大主教在里姆斯大教堂舉行隆重的洗禮大典。

典禮中，大主教說：「今後，你們必須信守十字架，而將你們之前所崇拜的偶像悉數燒毀。」

克洛維的皈依永遠改變了法蘭克王國，也永遠改變了羅馬教會。因為他信仰的不是當時蠻族普遍相信的阿里烏教派，而是羅馬正教。從此，克洛維以羅馬正教擁護者的名義征討其他日耳曼蠻族，包括之前最強的東哥德王國。

在克洛維受洗將近三個世紀之後，西元八〇〇年的聖誕節，教宗在一位名叫查理的國王頭上，放下了王冠。

事情是這樣的：那年聖誕節的彌撒裡，正當查理跪在聖壇上，教宗突然停止正常的彌撒儀式，緩緩拿出一頂西羅馬皇帝的金冠，輕輕戴在查理頭上。眾人看到這個情景，一致高呼：「上帝以西羅馬皇帝金冠授予查理大帝，查理為偉大和平之羅馬皇帝！」

這位西羅馬皇帝，就是廣為後世所知的查理曼。

查理曼的加冕是中古史上劃時代的大事。一位是神聖的基督教宗教領袖，一位是世俗大帝國的君王，這兩人的交相利用形成一種慣例：查理曼獲得了王冠，而羅馬教宗則獲得更珍貴的東西：皇帝的加冕權。

教宗既然獲得了君主的加冕權，無形中就提高了教會的地位。從此，教會終於站上了整個歐洲的政治中心。但是兩者的合作無法長久，很快的，政教就會因為一個原因走向全面衝突……

歷史課本只有這樣說：

「五世紀末期，法蘭克人的領袖克洛維首先建立梅洛文王朝，在其領導下，全體人民皈依羅馬正教，建立了法蘭克人和羅馬教會合作的基礎。」

第十一講 為何擁有實權的皇帝輸給只有聖經的教宗？

——卡諾沙悔罪之行

上次說到教宗把王冠放到查理曼頭上，從此確立了「教宗替皇帝加冕」的傳統。不過現在問題來了：一位是掌握精神力量的教宗、一位是掌握實際統治權的皇帝，如果兩人發生鬥爭然後開賭盤，你賭誰會贏??

用膝蓋想也知道要選有實權的皇帝，對吧？但是在十一世紀，教宗還真的活活把一位至高無上的神聖羅馬帝國皇帝，逼到在風雪中站了三天三夜，以求教宗的原諒。這紛爭到底是怎麼產生的？而教權又是怎麼勝利的呢？

其實在九世紀時，政權是絕對壓倒教權的。當時的教廷越來越荒淫腐敗，開始進入了一個多采多姿的時代（大誤）。

其中比較有名的是：西元八九七年駭人聽聞的「殭屍審判」，教宗斯德望六世把前任教宗的遺體挖了出來、披上教宗的法袍，指控他犯有僞證罪。最後，斯德望宣告前任教宗的當選爲非法，剝奪其教宗身分，並且砍掉了遺體上用來主持聖禮的手指。另外一起則是「淫婦政治」，透過各種綁架、悶死自己的丈夫等手段後，由一名女子掌握了教廷的實權。

不過最嗨的則是西元九五五年繼位的約翰十二世了。這名十八歲的教宗整個玩出了新高度，他的罪行包括殺人、僞證、與多名女子有染（甚至包括自己的姊姊和老爹的情婦），他天天在教宗宮附近尋找獵物，逼得眾人紛紛禁止女眷靠近，免得遭到淫亂教宗的魔爪襲擊。此外，他在授予神職時收受賄賂、刺瞎了自己的精神導師，甚至有人宣稱他還閹了一名紅衣主教！

宗教要純潔！教會反控制！

但是在經過一個世紀之後，這種情形就整個被顛覆了。因爲教會自己開始了一次最重要的改革，也就是「克呂尼改革」。

原來在上個世紀的腐敗浪潮中，一些純潔的基督徒感到痛心疾首，開始強調守貧、獨身，主張嚴格的隱修生活。其中最重要的，就是他們反對世俗勢力控制教會。

其中一名主角：額我略七世，就是出身自克呂尼修道院的僧人，並在這裡奠定了他一生的宗教思想。這個思想簡單來說只有四個字，就是：君權神授。

額我略七世教宗一上任就頒布了著名的〈教宗訓令〉，宣告教宗擁有統治俗世的權力。

他說：「人是由靈魂和肉體所組成，肉體會衰敗，但靈魂永垂不朽。就像人間的帝王支配著俗世，教宗則支配著靈界。靈魂是肉體的主人，帝王因教宗而得權，才能君臨天下。所以教宗是俗世的主宰者，這才是世界的眞理！」

不過，這時候神聖羅馬帝國的皇帝亨利四世也不是省油的燈。他幼年繼位後，政權就長期落在旁人手裡。野心勃勃的科隆大主教趁著一次遊船，竟然挾持了當年才十二歲的亨利四世。小亨利在船上驚恐地四處奔逃，眼看追兵即將抓住自己，情急之下居然縱身跳進冰冷的萊茵河水裡。

最後，亨利四世還是被抓住了。小小年紀的他就這樣一直活在主教的陰影下，等到最後終於拿到親政權後，第一件事就是揮著寶劍對主教說：「過去我年幼無知，縱容你欺君罔上。今日我已經親政，不須再聽你胡亂命令！」

所以，亨利四世對於權力的欲望可想而知。

當兩邊的態度一樣強硬，政教衝突看來只是時間的問題了。果然，在教宗上臺兩年後，一項新的措施終於導致政教衝突全面爆發，那就是敘任權的爭奪。

在整個中世紀裡，這是政教之爭最嚴重的爭執主題之一。什麼是敘任權呢？簡單來說，就是任命誰擔任什麼職位的權力。

在神聖羅馬帝國裡有許多神職，像是科隆、不來梅地區的大主教，這些人原本都是由皇帝直接任命的。但是在西元一〇七五年，〈教宗訓令〉直接表明，從今以後只有教宗擁有任免主教的權力，皇帝不得干涉。

這道命令一下，直接打破了政權與教權的平衡關係。年輕氣盛的亨利四世，非常有維護神聖羅馬皇帝權勢的雄心壯志，所以立刻否決了〈教宗訓令〉，並寫了一封信給教宗，不但直呼名諱，還稱之爲假隱修士：「上帝聖授之國王亨利，寫給假隱修士希德伯蘭（額我略七世的本名）。」

教宗VS.皇帝，第一回合開戰

緊接著，兩邊衝突的第一個戰場，就是米蘭的大主教之位。

雖然教宗再三警告皇帝，要他不得干涉神職的敘任，皇帝還是拒絕讓教宗支持的人選就任米蘭大主教，還召集整個帝國的主教召開宗教會議。於是，教宗發布了新的命令，表示沒有教宗允許的所有宗教會議，皆屬無效。

衝突持續到第二年。

這時候新年才剛過，政教雙方就各自使出了大絕招。由皇帝召開的宗教會議，決議廢黜教宗；教宗則對皇帝祭出了中世紀最嚴厲的處分：「絕罰」（Excommunicatio）。

絕罰其實就是逐教令，在中世紀歐洲沒有任何懲罰比絕罰更為嚴酷。這不僅僅是以後禮拜天可以睡到飽、不用再上教堂那麼簡單（這聽起來其實好像還不錯）。基督教宣稱神愛世人，教廷本著這樣的精神，對於所有墮落靈魂自然都要盡力拯救。然而在一些極端的狀況下，基督教廷有必要保護其他教徒避免受到墮落與蠱惑，並將異端分子與裂教者逐出教會。通常，只有對罪大惡極之人或無救贖可能的頑劣分子，才會施以這樣的刑罰。

額我略七世宣布：「我代表全能之神，通令神聖羅馬帝國全體人民，上帝已經奪回亨利的王位，即日起禁止他再行王權。各諸侯、人民為維護耶穌基督宗教，應立即解除與亨利之間的君臣關係，並群起而攻之！」

亨利皇帝接到教宗的絕罰令以後，最初只報以憤怒的冷笑，可是不久後他卻發現，絕罰令的影響遠遠超乎預期，嚇得他寢食難安。

一些平日對皇帝不滿的諸侯，如今得到了合法叛亂的大好機會，紛紛號召百姓對皇帝發起叛變。日耳曼所有諸侯召開臨時會議，決定給皇帝一年時間求得教宗原諒。如果在一年之內，教宗仍然沒有撤銷絕罰令，所有德意志諸侯就會廢黜亨利，另立新皇！

現在情勢很清楚了。走投無路的皇帝只好帶著皇后、襁褓中的王子，偷偷前往教宗所在的義大利。

這一年的歐洲奇冷無比，一行人歷盡千辛萬苦，總算爬過阿爾卑斯山，終於在義大利的卡諾莎城堡裡見到了教宗。於是，政教衝突最戲劇化的一幕——「卡諾莎悔罪」就這樣開始了。

當亨利四世正準備步行進入卡諾莎城堡的城門時，衛兵立刻上前阻擋，並嚴厲地對他說：「你應該在這裡靜候教宗的命令！」

衛兵說話的態度非常傲慢，但就算是貴為皇帝的亨利四世，此時也只能忍氣吞聲站在門外等候。他披頭散髮、身穿破破爛爛的懺悔服，赤腳在凜冽的寒風中站了三天三夜。

而在這段時間內，待在城堡裡的教宗則陷入了見與不見的兩難之中：他明知道皇帝的悔過是一時的無奈之舉，之後很有可能會再次對抗教宗。但在卡諾莎城堡的女伯爵為皇帝說情下，他仍然選擇會見皇帝。

一見到教宗，亨利四世立刻痛哭流涕跪在教宗腳下，並對自己過去的言行表示無限懺悔，並且把國境內的所有政教事務，都任由教宗裁決。

聽到這句話，額我略七世默默帶領亨利四世進入卡諾莎城堡的禮拜堂，舉行了一次嚴肅的彌撒儀式。

在彌撒上，教宗親自把一塊麵包撕成兩半，轉頭對皇帝說：「之前，你召開宗教會議的時候，說我是用賄賂的方式成為教宗。現在，我先吃耶穌的這一半聖體。如果我真

如你所說是名假隱士，我會立刻遭天打雷劈。」

說完，教宗吃下麵包，結果什麼事也沒發生。

接著，他把另一半麵包拿給皇帝，說：「你曾經說自己是無罪的，如果你認爲自己沒有觸犯絕罰之罪，就吃下這一半聖體，洗刷你的冤屈。」

看著教宗手上的麵包，亨利四世當然不敢吃，只能再次低頭向教宗表示無限懺悔。最後，教宗撤銷了皇帝的絕罰令。

卡諾莎之行是政教衝突的最高潮。最後，當然正如教宗先前所預料的，皇帝回去後便拒絕承認絕罰，並發動戰爭懲戒那些不聽話的貴族。而教宗也在皇帝的壓迫下被迫逃離羅馬，最後在流亡途中死去。

教宗的墓誌銘總結了他一生的信念與命運：

「我喜愛公義、厭惡不平，因此，我死於流亡。」

但是這並不妨礙教權在接下來的幾個世紀中一路高漲。教權高於政權的傳統，已經確立。

下一回，我們即將進入歐洲宗教史上最激情的戰役：十字軍戰爭。

歷史課本
只有這樣說：

「教宗額我略七世為鞏固權勢，宣稱教宗權力高於一切，甚至能廢黜君王。導致教宗和神聖羅馬皇帝之間發生激烈鬥爭，額我略贏得了初步的勝利。」

第十二講 基督教和伊斯蘭教是怎麼結下千年樑子的？

——第一次十字軍的神蹟與迷信

西元一〇九五年十一月，歐洲最有權勢的人物——教宗烏爾班二世，來到法國中部克萊芒參加一場長達十天的會議，而且非常罕見地發布了一份公告，宣布教宗將發表一篇「具有重大意義的聲明」。會議的最後一天，整個主教座堂外已經是人山人海。就是在這種萬眾矚目的氛圍之中，教宗緩緩走上臺。

然後，歷史就被徹底改寫了。

這段演講就是十字軍的最開端。但究竟，事情是怎麼發生的呢？

故事還得從四百多年前的西元六三六年開始說起。面對新生而強大的伊斯蘭教，基督教竟然被趕出了自己的誕生地。在穆斯林來之前，拜占庭帝國皇帝跌跌撞撞，在耶路撒冷的聖墓教堂中，伸出顫抖的雙手，取下基督教世界最神聖的聖物：也就是釘上耶穌的「眞之十字架」，便哭著離開了。

隨後，穆斯林占領了耶路撒冷。時間就這樣又過了四百多年，終於等到一〇九五年，備受屈辱已久的拜占庭帝國，終於迎來了它最好的時刻：伊斯蘭世界也開始衰弱了。

此時是收復聖地的最好時機，但現在唯一的問題是：哪裡有精良的武力呢？拜占庭皇帝左思右想，決定跟整個歐洲最有權力的人物求援：羅馬教宗烏爾班。

教宗立刻就接受了拜占庭的請求。

一〇九五年的這場演說，無疑是歷史上最成功的演說之一。教宗先從耶路撒冷被虐的基督徒慘狀開始說起，接著煽動著臺下人的情緒：「向著東方出發吧！不要猶豫、不要徬徨，爲榮耀我主，去吧！把十字架染紅，做爲你們的徽號。你們就是『十字軍』，主會保佑你們戰無不勝！」

演講的最後，教宗喊出了一直到如今都能在歷史文獻上看到的口號：「神意如此！」（Deus vult !）

人們當場哭了起來，整個會場哭聲震天。瘋狂的程度甚至連教宗本人都始料未及。不過眞正的原因倒也不是烏爾班的個人魅力有多大，而是他的演講恰恰打中當時瀰漫在整個歐洲社會的心理焦慮。當時正接近千禧年之後的第一個百年，也是中世紀眾多末日傳說的可能日期之一。如果在末日審判前，還沒有把自己的罪孽清洗乾淨，那麼等待著自己的就是無盡地獄。

恐懼的氛圍如同瀰漫的濃濃瓦斯，教宗剛好劃開第一道星星之火，瞬間就將整個歐亞大陸燃起遍地烽火！

圍城消耗戰，看誰先缺糧

基督徒的運氣很好，當時整個伊斯蘭世界剛好處於「網內互打」的狀態，基督徒憑著一股信仰，就這樣一路往前衝。但是，在剛開始進攻一個叫做安提阿的城市時，他們立刻遇到一個大問題，那就是，他們沒東西吃啊！

原來，安提阿的城防非常堅固，十字軍雖然團團圍住整座城市，但因爲十字軍完全沒有補給，結果守城的防衛軍不缺糧食，反而是圍城的十字軍開始鬧饑荒。

在極度的飢餓下，大部分的戰馬早已被殺來充飢。但是因爲普遍缺乏柴火，十字軍也只能將就於半生不熟的馬肉，而這竟然還是僅限備有馬的騎兵才有的特權。沒馬的人只能抓老鼠、狗或駝獸，然後用草當佐料來烹煮。有些人甚至還吃被剝下來丟棄一旁的獸皮，或從動物糞便中挖出未消化的種子充飢。

屋漏偏逢連夜雨，這時的安提阿接連出現了暴雨和地震，再度打擊十字軍的士氣。在被穆斯林戲稱爲「尿池」的安提阿周圍開始淹起了大水，十字軍的甲冑開始生鏽，泥漿滲過地墊和毯子，浸毀營帳，就連弓弦也鬆弛了。

接著，瘟疫從沼澤偷偷來襲，奪去眾人生命。因病過世的屍體腐爛，空氣中充滿惡臭。根據守城的穆斯林描述，他們能夠聽到法蘭克人在營帳中祈求上帝。

但是隨著圍城的時間越來越長，卻遲遲不見伊斯蘭友軍的身影，城內穆斯林的士氣也開始漸漸瀕臨潰散。每天早上，城裡的老太太都會問守城的瞭望士兵：「援軍什麼時候才會到啊？」

而回答永遠都是一樣的：「還沒看見，但不遠了！」

城內糧食已經幾乎見底，關於十字軍內部的情報此時也跟著中斷——因爲飢餓把基

督的義勇軍變成了猛獸，這些基督徒顯然察覺到密探的存在。

有次，一名城內的密探想要在十字軍內部探查情報，卻看見這些十字軍逮到一名奸細，接著把他插在鐵叉上燒烤，邊吃他的肉邊喊：「奸細都得此下場！」嚇壞了的密探，立刻溜之大吉，從此以後，穆斯林再也調查不到關於基督軍的任何詳情。

等到圍城超過兩百天後，基督徒終於找到了突破口：一名穆斯林的內奸聯繫十字軍，說自己能掌握城南俯瞰山谷的一扇窗，可以讓十字軍進入。

一〇九八年六月二日，決定命運的日子到來了。凌晨四點，內奸果然打開了一扇通往城內的小窗戶。十字軍紛紛進入，並吹起了進攻的號角。城裡的穆斯林守將被騷動聲驚醒，連續兩百多天的圍城，已經讓他的精神極度耗弱，只能急忙帶著幾名親信狂奔出城。

「拋棄了自己的家庭、孩子和穆斯林同胞，讓他痛苦至極。他跌落馬背，卻一點知覺都沒有。同伴試圖把他推回馬背上，但他沮喪到根本無法坐直。」一名穆斯林史家寫道，「同伴們最後棄他而去，一名亞美尼亞樵夫剛好路過認出他，就砍下了他的頭，去找十字軍領賞。」

安提阿就這樣被攻陷了。

正當十字軍還來不及慶祝的時候，遠方竟然出現了穆斯林的援軍！穆斯林大軍出征的景象十分壯觀，一望無際的白袍騎兵，頭上還插著兩支黑色旌旗，手中的長槍金光閃動。才剛結束圍城兩百多天的十字軍根本不是對手。在左思右想下，十字軍做了一個最合理，但是幾乎等同於自取滅亡的行動：進城！

才不到短短幾天功夫，基督徒就從圍城者變成守城者。整座城市呈現一種極度淒涼的慘狀：廣場上堆滿了屍體，臭味熏天；沒有人能在街道上行走，因爲屍橫遍野，連踏腳的地方都沒有。不僅如此，經過漫長圍城後，整座安提阿的存糧也所剩無幾了。

致勝的上帝之力

眼看城裡的十字軍就快撐不下去了，就在守城的第五天，一個農民突然闖進十字軍高層的帳篷，說出自己的一次神奇經歷：那天，他自己一個人躺在營帳中，突然土地震動起來。驚恐的他開始喊叫上帝的名字。接著，他看見聖彼得的哥哥，叫他前往城市的教堂。在那裡，他會發現一樣可以引領基督徒走向勝利的聖物——朗基努士之槍！

這把槍傳說是羅馬士兵朗基努士刺進耶穌腹部、殺死耶穌的槍，是基督教世界裡最神聖的遺物。十字軍聽到後，不禁熱血沸騰。於是，他們立刻就開始挖掘工作。眾人的期待，已經到達了瘋狂的地步。但隨著時間一分一秒的過去，主教座堂底下卻什麼都沒挖到。

所有人都跪下禱告。

終於，徒手挖掘的農民在土中看見了希望。他奮力挖土，最後，他高舉一塊生鏽的金屬……

十字軍瘋狂了。雖然當時還是有些人質疑：有什麼證據可以證明這塊金屬就是聖槍？但是對十字軍來說，這就是聖槍了。比起殘酷的現實，他們現在更需要溫柔的謊言。那塊生鏽的金屬，就是他們得救的證明……

終於在被圍困十三天後，一面黑色的旗子從安提阿最高的塔上升起，表示：十字軍會隨時出擊。之後，十字軍打開大門，所有人拿著武器，唱著聖歌，在十字架的引導下向前進攻……

不過實際上，十字軍隊伍是可悲多過威風。經過長期的飢荒，鎖子甲鬆垮地垂在瘦弱的士兵身上。許多騎兵步履蹣跚，幾乎沒有人騎著馬，只騎著驢子和駱駝，後面跟著拿著刀與矛的僕人，甚至還有女人和小孩。

但是，上帝似乎眞的跟他們站在一起。

當時的穆斯林領袖下令，先不要攻擊衝出來的十字軍。這個命令其實不算荒謬，因爲如果馬上攻擊的話，可能會把十字軍嚇回城裡。但是，這名穆斯林將軍卻忘了，他的軍隊其實是東拼西湊的大軍，每個人都只想找機會撤退，根本無心打仗。所以當十字軍一衝出來，穆斯林軍隊瞬間土崩瓦解，十字軍就這樣奇蹟似地勝利了。

一〇九九年六月七日，疲累不堪的十字軍終於抵達耶路撒冷。在前一天晚上，他們看到了月蝕——眾人驚喜地認爲，這代表伊斯蘭的新月很快就會被吞食。隔天一早，十字軍爬上一座山丘，終於在早晨的熱氣蒸騰中，明顯可見遠方耶路撒冷的長城牆。

許多將士熱淚盈眶。在走了將近五千公里、經過沙漠的炙熱以及山口的深雪、飽受飢餓以及缺水之苦、嚴重到要喝自己的尿或動物的血來求生存。而如今，他們可以看到聖城的尖塔、圓頂、塔樓，以及城市的白色房子。在這之前，他們只能在心裡看到這些景象。

很多人跪下來祈禱。其他人尖叫哭泣、臉部著地、手臂張開、親吻泥土。終於，十字軍攻進了聖城，第一次十字軍戰爭到此取得了全部勝利，但是也埋下了未來無盡衝突的種子。

最後，整場十字軍戰爭耗時超過兩個世紀，一直到整個基督教權開始衰弱，取而代之的是新的王權，還有握在其手中的，一種由庶民組成的全新兵種……

歷史課本只有這樣說：

「十一世紀後期，教宗以『收復聖地、援助東方兄弟』為號召，於是在宗教聖戰的旗幟下，在靈魂得救和經濟富裕的幻想召喚中，十字軍東征便展開了。」

第十三講

歐洲貴族階級是怎樣崩壞的？推翻貴族的全新作戰方式

——不列顛長弓兵

前兩回講到了卡諾莎之行和十字軍戰爭，這兩起事件是教宗權力的頂點，也是騎士貴族階級的頂點。但是在這之後，兩者勢力開始走下坡。這個時間點，被歸類為英法王權的興起，也是近代歐洲的興起。

但是，為什麼原本鼎盛的騎士階級，會開始逐漸走下坡呢？

原因其實很簡單：因為培養騎兵所費不貲，所以這是貴族壟斷的軍種。國王之所以必須跟貴族分享權力，就是因為需要他們在戰爭時出騎兵。

但從十四世紀開始，一項號稱「步兵革命」的全新作戰方式，正在悄悄改變整個歐洲的權力分配。這時，英法爆發了著名的百年戰爭。在這場戰爭中，步兵革命的代表兵種，發揮了最重要的作用。這個傳奇兵種，只要玩過電腦遊戲《世紀帝國》的人都知道——那就是「不列顛長弓兵」。

現在，就讓我們回到長弓兵對抗騎兵的戰場，一起看看市民階級是如何藉由手上的弓箭獲得權力的吧！

法國重裝騎兵vs.不列顛長弓兵

時間：西元一三四六年七月。

地點：法國諾曼第。

海浪拍打在船艦上，歐洲大陸的地平線漸漸清晰，英國國王愛德華三世的心情也跟著澎湃起來。他永遠忘不了十八年前，在法國亞眠大教堂那恥辱的一天。當時英國國力低於法國，年僅十五歲的愛德華，被迫站在新任法國國王腓力六世面前宣誓效忠。

不過，時過境遷，如今的愛德華三世已經不是從前那個任人欺負的小夥子了。這幾年，兩國不斷出現貿易和領土糾紛，英王和法王彼此越看越不順眼。有一天，英國林肯郡主教突然接到一項命令，要他前去激怒法王，讓法國對英國開戰。

主教便帶著英國國王的挑釁信前去拜見法王。果然，法王看完信，緩步走到英國主教身邊說：「你現在可以走了。」

主教問道：「那麼陛下您的答覆是？」

法王回答：「這封信，沒有答覆的價值。」

主教立刻就明白他此行目的已經達成，他再次欠身行禮，隔天便動身返回英國。長達一個世紀的英法百年戰爭就這樣開始了。

這一年，鋪天蓋地的英格蘭戰艦準備登陸法國。英王愛德華三世御駕親征，但是所有英國士兵都知道，這次是一趟生死未卜的旅程。法王腓力六世一定會派出大軍，那可是歐洲最強的武裝力量：法國重裝騎兵。而愛德華只能將自己所有的希望寄託在以農民兵組成的全新兵種身上：不列顛長弓兵。

事實上，長弓起源於英國威爾斯，在愛德華三世的爺爺那個時代，就開始用來對付蘇格蘭人。長弓射程可以到達三百碼（二七四公尺），對於熟練的弓箭手來說，發射頻率能到達每分鐘十到十二支箭。在兩百碼（一八二公尺）的距離內，可說是箭無虛發。至於長弓兵最可怕的密集射擊，更可以讓敵人瞬間潰不成軍！

只是，愛德華的長弓兵部隊，能擊潰穿上層層鐵甲的重裝騎兵嗎？

另一方面，法國接到英軍登陸的消息，便立刻發布了總徵召令，一路騎行的傳令者隨即在各城鎮的廣場和市場大聲宣讀命令。親法國如布列塔尼、熱那亞、波希米亞，紛紛派出軍隊前往巴黎集結，召集的兵力多到讓英軍瞠目結舌。因爲這次法軍根本就是全軍出擊，共有四萬名重騎兵、輔助騎兵，以及來自熱那亞的十字弓弩手，準備迎擊五千名英軍。

聽到消息後，愛德華三世連忙問他的副官，他們還能從英國本土調到多少人馬？在經過計算之後，英王得到的答案是：「五千名，最多六千。」

「……全派來。」愛德華下令。

在雙方等待兵力集結的時候，英法兩軍開始玩起了你追我跑的遊戲。法軍的士氣越來越高昂，八月十六日他們對英軍進行突擊，快速衝進英軍駐紮的阿海娜小鎮（Araines），沒想到還是撲了個空。

法王腓力六世看著人去樓空的小鎮，心中戰勝的信心卻越來越強。從他眼裡看過去，不難發現英國人離去時有多麼匆忙：派和麵包還在烤箱裡、打開的葡萄酒撒落一地、桌椅翻的翻，倒的倒。同時，英軍也越來越絕望，這時的他們已經遇到進入法國後最大的麻煩，一道難以跨越的天險橫在他們面前，那就是索姆河。

愛德華三世望著河水，陷入了極度的憂愁之中。

他現在有兩個選項：要嘛選擇背水與法軍決一死戰，要嘛沿著索姆河走到出海口撤退。兩個都是愛德華極不情願做的選擇。但是無論如何，愛德華總要做出一個決定，而且要快。正當英軍內部愁雲慘霧時，一位指揮官衝進英王的帳篷，帶來了令人振奮的好消息。

原來，當地有一名囚犯告訴英國人，索姆河的水位會在固定的時間下降，而且每天會發生兩次。有一塊特定的區域，河水在那時候會變得很淺，完全是可以輕鬆走過去的高度。聽到這個消息後，英軍士氣果然大振，愛德華還大方地把囚犯跟他的二十個夥伴全都放了。

隔天，天才濛濛亮，數千名英軍死盯著湍急的河流，忽然間爆發出了歡呼聲：他們親眼見到索姆河的水位漸漸緩和、下降，中間甚至冒出了小小的沙洲。

愛德華三世立刻下達命令：「過河!!」

英國人爭先恐後橫跨索姆河。這時候法軍距離英軍只有短短的六英里（九·六五公里）。愛德華幾乎可以看見飄揚的法國旗幟。

法王腓力六世恨得直咬牙。因爲當法軍抵達時，已經漲潮，下一次退潮是十二個小時之後。腓力六世憤怒地吼叫，處死所有被愛德華遺留下來的英國士兵。但是英軍也沒有太多喘息的時間，他們知道自己和法軍必有一戰。最後，愛德華選定了一塊地方做爲雙方交戰的地點。

這地方的名稱叫做克雷西（Crecy）。

從這天之後，克雷西戰役的名聲，將被後人永遠記住。

法國騎士精神vs.英國密集箭雨

此時，長弓兵接到停止前進的命令。所有人安靜等待一會兒之後，便接到軍令：

「布置防禦陣地!準備迎敵!」

英軍頓時沸騰，所有人都動了起來。他們把木樁打進地底，築起最基本的防禦陣地。長弓兵從運輸車裡領取箭枝並插在地上方便取用。下午四點左右，英軍指揮官號令全軍起立整裝，這只代表一件事：法國人來了！

法軍從地平線外緩慢湧出，冗長的縱隊似乎無窮無盡。他們身上的全套盔甲閃亮刺眼、旗幟飄揚，從英軍的角度看過去，簡直就像一片湧動的銀色海洋。

面對數量處於劣勢的英軍，法軍認為自己勝券在握。沒有偵查、沒有像電影裡面兩軍陣前還會派出代表做最後的談判，法軍甚至在還沒立定前就派出拿著十字弩的熱那亞弓箭手。

熱那亞人統一穿著淡藍色的罩衫，裡面是半身的鎖鏈甲。排好陣型之後，訓練有素的弓箭手遵照法軍下達的瞄準命令，舉起手上的十字弓。箭簇與箭簇綿延，看起來像一條無盡的線。

「放！」

「裝填！」

「瞄準！」

法軍下達了命令，六千名熱那亞弓弩手同時齊發。

「放！」

「穩住……穩住！」

英格蘭長弓兵摒住呼吸。由於占據上坡的有利位置，加上法軍十字弓威力不足，英軍幾乎毫髮無損。

「裝填！」

英軍終於下達命令，長弓兵紛紛拿起插在地上的箭。箭矢瞄準的方向卻不是法軍。架在弓上的箭矢上仰四十五度角，瞄準了太陽。

拋物線的殺傷力最大。直射很容易就被盾牌擋下，但是從天空落下的箭雨卻防不勝防。

指揮官手高高舉起，用力放下。

「放！」

七千名長弓兵的箭幾乎把太陽遮住。有利的上坡位置，讓箭雨分毫不差地直闖熱那亞人的陣地，及腰的長箭瞬間把熱那亞人變成尖叫的活體肉串。

熱那亞人很快就死傷過半，許多人雖然努力堅守在崗位上，卻突然被來自後面的猛

烈衝擊力道給撞飛。原來，心高氣傲的法國貴族騎士，不願意將戰爭的決定性角色讓給不是貴族的人，所以不顧法軍主帥腓力六世的命令，便擅自衝上去跟不列顛長弓兵打了起來。

法軍主帥腓力六世驚慌地看著完全不聽命令、接連向英軍衝去的法國貴族。那個時代的騎士精神告訴他們：武士之戰必須是個人的貼身肉搏，平民組成的弓箭手只是一群不敢靠近敵人的懦夫。高傲的法國騎士堅信在重裝騎士的衝擊下，平民將「像太陽底下的冰雪一樣融化」。

但是，英格蘭長弓兵有別於當時一盤散沙的農民，他們以紀律嚴明的陣列、密集的箭雨，撒播著混亂和死亡。

英格蘭陣線開始逐步逼近，先有長弓兵開道，後有下馬騎士和殺氣騰騰的威爾斯人，他們揮舞著長刀，衝進摔倒的法國人群中，將他們殺死在地。

戰爭的結局以英國大獲全勝告終。法國國王腓力被拖離戰場，馬不停蹄地騎了一整晚後，他來到一座城堡前，大喊：「開門開門開門！」

城中的領袖問誰在那邊大小聲，腓力回答：「我是法國的命運。」

此後，不列顛長弓兵正式成爲中世紀最著名的軍種之一，名聲響亮到連數百年後的人都津津樂道。

看起來，戰爭很快就要結束，但人們萬萬沒想到，就在短短一年之後，英法被逼迫同時暫停戰爭。因爲歐洲將遭遇有史以來最大的災難，死亡人數之多，甚至讓整個歐洲開始相信：這是世界末日。

究竟是什麼呢？

歷史課本只有這樣說：

「英法王權興起……關鍵在英法百年戰爭，起因為兩國君主要爭奪法國領土。」

第十四講 黑死病浩劫怎樣將人們推向文藝復興的黎明？

——佩托拉克的眼淚

上回說到，一三四六年不列顛長弓兵在克雷西戰役大獲全勝，結果想不到在短短一年多之後，整個歐洲就全都改變了。人們面對的不是國王與教宗，而是直接赤裸裸地面對上帝。一位當代的見證者德・穆西（De Mussis），將自己的親身經歷寫成報告，整本著作的標題為這個年代下了一個最好的註解：《主後一三四八：滅絕之年》。

現在，我們就來看看，這一年究竟發生了什麼事……

侵襲歐洲的黑色風暴

一三四七年十月初，溫暖的南義大利西西里島幾乎讓人感受不到秋意。在這個時代，島上第一大港麥西拿已經十分繁華，碼頭上人來人往。但就在這時候，大家突然注意到船槳邊倒著屍體和奄奄一息之人。

這些人得到了瘟疫。

據說這種瘟疫是從東方傳來，症狀是這樣的：水手在腋窩和腹股溝處出現了奇怪的黑色腫塊，大約有雞蛋或蘋果那麼大。腫脹處還會滲出鮮血和膿水，接著痂瘡和斑點會隨著內出血在皮膚上到處蔓延。病人會劇痛難忍。出自身體的一切：呼吸、汗水、淋巴結的鮮血、帶血的尿液、黑色糞便……全都臭不可聞。

根據史料所述：

人們首先開始吐血。

其中有一人立刻就死了，其他人則等到二至三天之後……

根據當時的說法，這是一場駭人聽聞、非比尋常的黑色瘟疫。依照病人身上的症狀，後來人們給這種疾病起了一個駭人聽聞的名字：

黑死病。

這一年徹底改變了歐洲，正如史家所說：「一三四八年，國王、皇帝、教宗並不統治歐洲。這個時代，統治歐洲的是恐懼。」

西西里瞬間變成了煉獄。街頭上到處是等死的人。只要家裡一有人出現了症狀，馬上就會被他的家人抬出來扔到街上。父親拒絕觸碰染病的兒子，神父與醫生不願照顧垂死的人。人們嘗試把所有病人隔離起來，但是毫無效果，很多人即使從未前往疫區，也開始出現症狀。接著，病毒以極快的速度蔓延開來，三個月內，病毒就衝進了法國，來到北非。

德・穆西在他的見聞錄裡記載：

他們很多人雖然尚未死亡，但在航行途中也出現了症狀……

一切聽起來如此不可置信，因為他們幾乎沒有人曾經到過疫區……

疾病引起的壞死與惡臭如影隨形，蔓延到每一個國度、每一座城市、每一個家庭。不分性別，人們在死亡裡快速淪陷……只要一個人感染，就會立刻被聚集到一處空地，然後一起死去。

接著就是他的家庭。這種死亡讓人無處可逃，它從窗户爬進人的家裡……

這份報告以絕望的呼喊做結。而另一份報告則描繪了一個多月後的義大利。

熱那亞！什麼東西毀滅了你？來自熱那亞和威尼斯的人們，正在用自身苦難彰顯上帝的審判。

疼痛！當我們的船隻從異鄉歸來，就立刻把它帶進我們自己的家中……

當我們與別人擁抱、親吻，我們就在肩上插滿死亡之箭。

哪怕僅僅只是談話閒聊，我們就被迫用嘴承接毒物和疾病……

西元一三四八年八月，瘟疫已經來到北法的加萊港，也就是兩年前剛被英國占領的地方。同一時間，南英格蘭的教堂人滿爲患，人們紛紛懺悔，祈求上帝赦免，祝禱聲持續了整整四十個晝夜。所有人都滿懷恐懼，心想：海峽到底擋不擋得住瘟疫？

他們馬上就得到了答案。黑死病很快就在英倫三島撞開一扇大門，在英國全境迅速蔓延。就如同一首威爾斯哀歌所唱誦：

死亡如黑煙來到我們中間，一場使年輕人夭折的瘟疫，一個漂泊的幽靈，對美麗的容顏全無慈悲之心……

腋窩的創痛使我多麼不幸！它在冒泡，真是可怕……

一個讓人痛苦、令人大喊大叫的膿頭、一個疼痛難當的腫瘤，它像一塊燃燒的爐渣那樣沸騰不已……一個色如灰燼的苦難之物。

在當時的歐洲就是這樣的絕望之地。到了一三五〇年，瘟疫已經席捲了絕大多數的歐洲土地。城市的墓園不敷使用，屍體被隨意拋入河中，甚至開挖了萬人塚，草草將屍體掩埋。到最後，掩埋的速度根本趕不上死亡的速度。短短幾年間，歐洲有兩、三千萬人死亡，大約是總人口數的三分之一，也正好是《啟示錄》中死亡的比例。

整個歐洲陷入了一片死寂。一位編年史作者說：「不管失去了什麼，都沒有人哭泣，因爲幾乎所有人都在等死，人們口耳相傳並相信：這是世界末日。」

詩人見證愛與死亡

就在這絕望的時代裡，詩人佩脫拉克見證了這一切。首先，我們要回答一個問題：佩脫拉克是誰？

相信很多人都聽過他的名字，但也僅限於聽過名字而已。身爲文藝復興文壇三傑（另有達文西等畫壇三傑），在高中教科書裡，佩脫拉克的名聲遠不及但丁的《神曲》和薄伽丘的《十日談》。

有些比較細心的版本會提到佩脫拉克的「情詩」，但事實上這也並非是一首詩，而是一部由三百多首情詩集結的詩集。詩中最常見到的場景就是天上閃爍的繁星，因爲每當詩人注視著那永恆的星體，不管天地間千變萬化，彷彿就像看見他的夢中情人蘿拉的臉龐，在燦爛的星空中永垂不朽。

生於十四世紀初的佩脫拉克，從現代的標準來看，就是一個富二代。他的父親在亞維儂教廷至少擁有一定的經濟及政治權勢，才讓他得以在中世紀進入全世界最古老的

死亡之舞（Danse Macabre），黑死病之後誕生的一種獨特藝術形式。主要描述一群骷髏邊跳舞，邊把眾生一一拖進墳墓，象徵不管財富或地位如何，人終究難逃一死。

波隆那大學研讀法律，畢業之後還可以在教宗底下服務。而就在這時，一次復活節的彌撒，讓他在人群中遇見了蘿拉。

從蘿拉遺留下來的畫像看來，她從任何角度上來看都是個美人胚子：淡然的眼神、瓜子臉、深刻的五官輪廓。和傳統中世紀史詩歌頌的女子不同，她不是艷冠群芳的公主或是高貴冷傲的貴族，詩人描述的蘿拉是個毫不做作的鄰家女孩。

她的舉手投足都在詩人的凝視中化爲文字。就是這樣的一眼瞬間，悄悄地埋下改變一個時代的種子。在詩人二十多歲的淡淡藍色憂鬱年代裡，他將她的身影、回眸、一顰一笑都記錄在心。這樣的形象在他的心中經由不斷複習，終漸趨完美。

很快地時間來到一三四八年，黑死病從南方的西西里島進入歐洲後，一路橫衝直撞。一向憂鬱的詩人此時見識到了眞正的絕望——史上最巨大、最可怖的死亡，就是佩脫拉克這一輩人裡的共同記憶。

在亞維儂這個詩人居住的城市，有七千間住房因居民死亡而遭到隔離。城市中有一半的人死亡，包括九位最高等級的樞機主教。佩脫拉克被教宗緊急派往外地，在他一離開亞維儂後，便接二連三接到別人帶來朋友、家人——未能逃出的所有人的死訊，一個接著一個。

從他寫的信裡就可以看見一切，無須再附註什麼，就能感受詩人的絕望：

疼痛的我，還得忍受什麼？在我的命運前方，等待著什麼樣的折磨？

我看見……這個世界急速邁向終結。男女老幼的人們肩並肩，一齊走向死亡。

再也沒有可以停留的安全之處，再也沒有安寧的港灣……

在那裡，只有毫無希望地等待不會到來的救贖，放眼所及只有送葬的長龍。教堂迴盪著控訴聲，越過成堆的靈柩。人們無暇回顧死者，因為他們也身在其中。

靈魂開始思索它的最後時刻，而我也得開始思考我的終結之所。

啊，那些我已然死去的親愛朋友，他們甜蜜的低語、他們的臉龐迅速褪色。成為地底的一座孤墳……

不過苦難像是還未到底似的。一三四八年三月，他的旅程來到義大利中部。在這裡，他終於接到最難以接受的消息：

蘿拉死亡。

> 也許我可以，當這些指控來臨時——為自己脱罪。這個時代填滿我們的，不只是因為失去朋友的哀傷，而是整個人類世界的最終消亡。
>
> ……倖存下來的人們要以死亡來勸告後世。要讓我們的後代相信，曾經有一個時代，天堂和人間都風光明媚，沒有戰爭或是可見的災禍。不僅僅只是世界的一個角落，而是整個世界都如此寧靜和平，卻沒有一點人跡……有人看過或聽過這種事嗎？歷史上曾經有過一個時代，家裡是空的，城市是空的，國家也荒廢了。整個世界被恐懼和無盡的孤寂統治。

對神的信仰就這樣崩解了。佩脫拉克的宣言所代表的，是他們那個時代受過高等教育、身爲知識分子的集體印記。黑死病肆虐期間，沒有一個具體的敵人形象可以讓他們征伐，唯一合理的解釋就是上帝對人類的懲罰。

愛意在星空閃耀

西元一三五二年，黑死病逐漸退去，人類內心的痛苦卻難以平息。悲傷到不行的詩人，慢慢寫出自己對情人的思念，連同黑死病侵襲之前寫的詩集，終於匯集成篇：

「我把其他所渴望的東西都拒於門外。
我極其專注地想著她，其餘萬物皆成空。
任何與她無關的，按照慣例都將受到我的鄙視。」

「這封閉的幽谷舒坦了我原本毫無意義的生命，
我與我的愛獨自於此，給了我緩慢思考的能力。」

「在這裡沒有所謂女人。只有泉水與堅石。

而我一直走在那天殘留的影子裡。」

中世紀提倡禁欲，人們應該壓制情感，才能全心全意地愛上帝。然而，佩脫拉克卻恣意狂妄地寫下自己對一名女性的愛慕，這樣的表露極具劃時代的意義。這些詩篇很快就被人傳頌。接著，不只義大利，就連法國、日耳曼、英格蘭，整個歐洲都颳起了一陣「佩脫拉克風暴」。他對這個世界說出了一件事，那就是：活在這個苦難的世界裡，愛就是一種終極的反抗。

為什麼佩托拉克在詩中總是仰望著星空？因為唯有如此，他才可以看見蘿拉的臉龐。因為死去的蘿拉，已經成為浩瀚繁星中的其中之一。

手上沒有照片、沒有畫像，更沒有任何可以懷念的事物，詩人在自己腦海裡一遍遍地複習，女孩的臉孔逐漸清晰。只有閉上眼，才得以注視。這樣偏執的注視，終於讓詩人慢慢走出絕望的低谷，並讓詩人得以穿越自我的孤寂，在對方的身上找到依託。也是因為這樣的注視，蘿拉的一眼回眸，得以傳頌七百餘年。

在此之後，佩托拉克與其他遭受相似命運的人們，就這樣開啓了一個全新的時代：文藝復興。

歷史課本只有這樣說：

「黑死病的發病率和死亡率很高。染病者三至六天就會喪命。只要有人一染病，周圍的人幾乎無一倖免。大瘟疫流行期間（約半世紀），歐洲三分之一的人口都死亡了。」

第十五講 別以為文藝復興很無聊，這時代可有滿街的老二啊啊!!

——麥第奇家族的暗殺事件

說眞的，以前歷史課一講到文藝復興，我就打哈欠。到底什麼是「人文主義興起」？什麼是「中古到現代的過渡」？所以我在開始動筆前，我還心想這應該是整本書最無聊的一篇。但沒想到，一查之後才發現……靠杯！最精采的竟然就是這一段啊!!這個時期竟然還出現了「整條街上到處都是男性生殖器」這種景象，到底是發生了什麼事??

別急，原來故事是這樣的……

發大財沒看頭，萬世留名才偉大

首先，到底什麼是文藝復興？

當然，十五世紀的義大利人不會在某天早上起床然後大喊：「好的！從今天開始就是文藝復興啦!!」在這裡我決定套用一個曾經聽過最簡單的概念。所謂文藝復興其實就是：

「一個佛羅倫斯有錢到不知道該怎麼花的家族，到處資助藝術家的時期。」

嗯，差不多就是這個樣子。

從十四世紀開始，歐洲進入了無盡的倒楣時期。在經歷過十字軍、黑死病的摧殘之後，舊有的信仰和政治體制都逐漸崩壞。比較發達的幾個義大利城市開始百家爭鳴，各自發展出適合自己的政治體制。其中發展得最好的，就是一座名叫佛羅倫斯的城市，這一切都得歸功於這次的主角，也就是麥第奇家族。

麥第奇搭上了十三世紀開始興盛的銀行業熱潮，遠端貿易也讓佛羅倫斯累積了大量資金。接下來，人在有錢了之後，自然就會想要變得更有錢，所以就開始出現有息貸款。麥第奇在這個時代從一個貨幣兌換商變成銀行，最後甚至變成教宗指定的銀行。不過，眞正讓這個家族在城市裡永垂不朽的，其實是一項回不了本的投資：藝術贊助。

當時的佛羅倫斯人認爲，一個家族要從暴發戶變成眞正有影響力，就必須要爲這個城市留下一些公共建築。

一四〇一年，麥第奇家族第一次贊助公共建築——爲洗禮堂建造一扇新銅門。最後，創作者整整花了二十年才終於打造完成，且一完工後，立刻讓整個城市的居民震撼不已……

銅門以浮雕的形式，描繪一個接著一個的聖經故事。作者根據他豐沛的古典知識，栩栩如生地重現《聖經》場景：從令人難忘的古羅馬拱門，一直到人物衣服上的皺褶與裝飾。過去中世紀被人遺忘的細節，全都在這扇門生動地重現。

創作者成功了！時至今日，這扇門仍然屹立在佛羅倫斯洗禮堂前，依舊迴盪著米開朗基羅第一次見到這扇門時，打從心底發出的讚嘆：「這扇門將成爲天堂之門。」

這次的贊助讓老商人看到比累積財富更有意義的事情，那就是不朽的名聲——只要贊助偉大的藝術品，就能夠留下偉大的名譽和聲望！

就這樣，麥第奇家族持續發展，等到十五世紀中期，新一代當家「偉大的羅倫佐」出現時，麥第奇家族早就已經成爲這個城市的地下國王。但即使是在這種萬民擁戴的盛況下，危機仍然在暗處隱隱浮現——那就是麥第奇家族最大的仇敵，帕齊家族。

殺人計畫演變成國家大戰

帕齊是一個無論財力或出身都不輸給麥第奇的望族，但隨著麥第奇聲勢的增長，血氣方剛的弗朗切斯科·帕齊終於按耐不住了。他說：「再這樣下去，帕齊家族會全部完蛋！我們要全力一搏，奪回失去的一切。」

最後，帕齊想出一個刺殺羅倫佐及弟弟朱利亞諾的計畫。西元一四七八年的復活節，來自羅馬的樞機主教將蒞臨佛羅倫斯，做爲城市的主政者，羅倫佐兄弟勢必會出席樞機主教的歡迎會，而那就是他們一口氣除掉麥第奇兄弟最好的機會！

那一天很快就到來了。羅倫佐在親信簇擁下，緩緩走進了陰暗涼爽的百花聖母大教堂。彌撒很快便開始，唱詩班的唱和聲響徹教堂的半圓形屋頂，牧師緩緩地舉起祝聖用的聖杯。這時，事情爆發了。

站在羅倫佐後方的兩名牧師，突然拿出匕首一把刺過去。在這千鈞一髮之際，羅倫佐轉身躲開，匕首沒有刺中要害，只從脖子上劃過去。

羅倫佐頓時血流如注，他搖搖晃晃轉身、猛力將披風捲在手上當成盾牌。隨從一看到情況不對，紛紛拔出佩劍掩護羅倫佐往後方撤退。整個祭壇廝殺成一片，悲鳴與哭喊聲充滿整個大教堂。羅倫佐一行人且戰且退，進入祭壇後方的聖器室，用力關上兩扇青銅製作的大門。

青銅大門外發出沉重的撞擊聲。羅倫佐顧不得身上還在流血，第一件事就是想起自己的弟弟。他問兩旁的人：「朱利亞諾呢？他安全嗎？」

事實上，還在半路的弟弟當時便已經過世了，下手的正是主嫌弗朗切斯科．帕齊。他陪朱利亞諾走到教堂附近之後，就拿出匕首往他的頭上刺去。弗朗切斯科像發瘋一樣，刺了一下又一下，還由於用力過猛，甚至跌倒在已經被鮮血洗滌的屍體上，把匕首狠狠地插進自己的大腿。

等隨從成功擊退了刺客，羅倫佐抱著弟弟的屍體衝回家。母親一看到朱利亞諾的屍體，絕望地哭喊出來。萬分焦急的市民群聚在麥第奇宮前，最後終於看到包紮完畢的羅倫佐出現在陽臺上，立即響起巨大的歡呼聲。但是，整座城市的情緒已然沸騰，所有市民在此刻只想得到一件事情：復仇。

佛羅倫斯立刻變成獵殺的人間地獄：一部分的叛黨遭到斬首，他們的頭顱被插在長矛上示眾，立刻引發市民出現同樣的嗜血反應。之後，全城就開始一場追殺行動，凡是有嫌疑的人都被抓到街上閹掉，這才出現了「整個街道上到處都是男性生殖器」的景象。

人群撞破帕齊家族的宅邸，把大腿流血的主嫌弗朗切斯科一把抓去絞死。下一個，就是共謀的比薩大主教，他也參與了帕齊家族的刺殺行動。人群抓住穿著代表教廷權威紫紅色長袍的他，雙手反綁、懸在絞索上，他的眼睛突出，發狂似地掙扎著想要解救自己，甚至想用牙齒咬著旁邊的屍體，降低脖子承受的壓力。

而底下的人群則高聲歡呼，嘲笑著嫌犯企圖求生的樣子。那時候，被復仇女神蒙蔽雙眼的眾人沒注意到的是，一名二十六歲的畫家正默默把這幅景象畫下來，他的名字叫：李奧納多．達文西。

佛羅倫斯的消息很快傳到了羅馬。教宗聽到自己的一名大主教被吊死，而且還穿著教袍，立刻認爲這是對他教權的挑戰，便立刻動員其他義大利諸國進軍佛羅倫斯。其中最具威脅性的，就是南義強國那不勒斯。

佛羅倫斯知道自己並非那不勒斯的對手，即將戰敗的氛圍瀰漫整個城市。羅倫佐考慮再三之後，顧不得那不勒斯王是出了名的情緒不定，毅然決然隻身前往那不勒斯，尋求國王的支持。

臨走前，他留下了一封信，信上寫道：「我已經決定馬上前往那不勒斯王國。我確定敵人的行為主要是針對我，我把自己交給他們，或許能讓我們的城市恢復和平。我希望由於我的生或我的死，我的運氣或我的財富，也許能為我們的城市帶來安康。」

據同一份紀錄記載，讀完羅倫佐的信後，很多政府成員都在哭。

這場談判整整持續了三個月。最後，羅倫佐終於成功了。那不勒斯國王同意簽訂永久性的共同防禦同盟條約。但教宗並沒有善罷甘休，依舊動員了一切力量準備進攻佛羅倫斯。就在這個時候，奇蹟出現了。

保住文藝復興火苗的意外

一四五三年，土耳其的穆罕默德二世攻下君士坦丁堡，拜占庭帝國滅亡，土耳其的領土也正式擴張到歐洲大陸。而就在二十餘年的整備後，土耳其大軍又朝著西歐進軍。原本信誓旦旦說要滅掉佛羅倫斯的教宗，這時完全無法顧及麥第奇的問題。他說：「遵照上帝的教誨，我還是原諒你們好了。」於是最後只好草草收場。

有時候，歷史就是這麼有趣：

二十年前，被視爲將毀滅歐洲文明的穆斯林大軍，如今竟然陰錯陽差地保住了歐洲文藝復興的一絲火苗。在羅倫佐接下來的餘生裡，他也成爲佛羅倫斯的大英雄。

此後，麥第奇家族持續資助藝術家。有一天，羅倫佐在聖馬可廣場附近的公園裡，遇到一名十四歲的小小雕刻家，正在用錘子和鑿子，專心雕刻著呲牙裂嘴的森林之神薩梯（Satyr）的頭像。

突然間，他意識到有人站在身後，小雕刻家轉過身，臉一下子紅了。

但羅倫佐只是微微一笑，彎腰看了看薩梯的嘴，然後指著雕像的牙齒。他告訴少年：「這裡不太對，薩梯已經很老了，不可能所有的牙齒都在。」

少年接納了羅倫佐的建議，立刻鑿落了薩梯的一顆牙齒。羅倫佐看了看，笑著問他願不願意接受資助，少年自然是答應了。

「你叫什麼名字？」羅倫佐問。

少年雕刻家羞怯的回答他：「米開朗基羅。」

文藝復興正式進入了輝煌時代，麥第奇持續資助著佛羅倫斯的藝術家，因爲他們知道，麥第奇家族總有一天會消失，但是名聲卻會隨著這些藝術品，永遠留在佛羅倫斯的歷史上。但是歷史就是這麼有趣，這個家族對藝術的愛好在義大利引發了文藝復興，而最後，也是這個家族引爆了全歐洲的宗教改革，成爲壓垮教廷權勢的最重要原因……

歷史課本只有這樣說：

「文藝復興一詞原指希臘羅馬古典文化的『再生』。約在十四至十六世紀，西方文明在『中古』轉變到『現代』的這個時期，從關注上帝轉向強調世俗的人文主義。」

第十六講 贊助文藝復興的家族，成為宗教改革的導火線？

——馬丁・路德的立場

上次我們說到了文藝復興。它在歷史上的定位是好的，但是很有趣的一點是，其實從某方面來說，文藝復興也是導致宗教改革的導火線——愛好文藝的喬凡尼・麥第奇，也就是前面提到的「偉大的羅倫佐」的兒子，爲了籌錢重修聖彼得大教堂而販賣的贖罪券，最後竟導致整個基督教歷史上最大的分裂。

這讓我們不禁開始思考：到底什麼是好、什麼是壞？

現在，先讓我們把焦點集中在這次的主角，馬丁・路德身上吧！

西元一四八三年十一月十一日一早，馬丁・路德誕生於德意志艾斯雷本（這個地名德文直譯是「冰生活」，光聽就覺得很冷）。他老爸說好聽點叫望子成龍，說難聽點根本就是虐待兒童。一天暴打小孩十幾次已經算是家常便飯，他更把六歲的路德丟到當地的拉丁文學校。

後來路德回憶起自己這段煉獄般的早年生活：「學校如監牢，課堂如囚房，老師像殘暴的獄卒，學生像馬廄的驢子。」

等到路德長大後，他老爸就跟現在所有的老爸差不多：「既然讀了文組，就給我去當律師！」但路德讀了幾年後，始終對學業提不起勁。終於有一次，他遇到了改變他一生，也改變整個歐洲歷史的事情。

一五〇五年七月的某一天，路德在船上遭遇一場令人恐懼的雷暴。也不知道為什麼，他腦海裡突然閃過耶穌他阿嬤的名字，抓狂地大喊：「聖安娜，不要讓我死，我願意當一名僧侶！」

說也奇怪，過沒多久，雷暴竟然真的結束了，路德也真的出家了。他老爸知道後差點氣死，不過路德認為，他必須信守自己的承諾。

安全感直銷大會，點燃改革戰火

就在路德當上僧侶、成爲博士之後，上回那個「偉大的羅倫佐」的兒子被選爲新教宗，也就是利奧十世。

利奧其實有點像歐洲的宋徽宗，而後世對宋徽宗評價是：「什麼都能，就是不能當皇帝。」歐洲人對利奧的評價也是如此。如果利奧在藝術方面的天分，能夠增長他一丁點領導教會的能力，那他就會是完美的教宗。

無論是音樂、戲劇，還是詩歌，利奧十世樣樣精通。他仁慈、善良、慷慨，更是各類藝術的贊助者。後來，爲了重建最輝煌的聖彼得大教堂，教廷開始促銷「花錢抵銷罪孽」的贖罪券。

原來，馬丁．路德身處的十五世紀末，是一個被稱爲「中世紀之秋」的絕望年代。瘟疫、洪水、旱災、霜降，隨便什麼都可以輕易奪去一個人的生命。巨大的不安導致人們唯一渴望的，就是死後可以上天堂。因此，贖罪成爲所有人生活中最重要的課題。在這樣的氛圍中，仁慈（？）的教會開創了一種全新的贖罪方式。

雖然說贖罪券早在好幾個世紀前就有了，但一五一七年教會開始販售一種新的贖罪券，而這次的規模比歷年更大、價格也更高。教會萬萬沒想到，這竟然即將導致一場大風暴席捲全歐。

這一年，一隊義大利士兵來到德意志市鎮，開始敲鼓吹號宣告：「教宗特使即將來到這裡！即將到此做一次『特別布道』!!」

事實上，這就是一場贖罪券的直銷大會。

「布道」很快就開始了，肩負贖罪券業績壓力的教宗特使，將自己的演講技巧發揮得淋漓盡致。越來越多人來排隊，到最後竟然變成某種瘋狂搶購。

教宗特使越說越興奮，開始喊著銷售贖罪券時，最有名的那句廣告臺詞：「錢幣叮噹投進捐獻箱，靈魂應聲出煉獄！」

馬丁．路德完全不敢相信這件事，所以他在威登堡教堂的門口，張貼了有名的〈九十五條論綱〉，表達他對贖罪券意義與其效果的見解。不過，這個看起來好像是下了必死決心的行爲，在當時其實還滿正常的。

原來，威登堡教堂的大門，平日也充當威登堡大學的布告欄。路德其實就是以神學

博士的身分，徵求一場辯論。他貼了一張告示，然後跟大家說：「我認爲就是這樣，不服來戰。」

而且，這篇論綱還是以拉丁文寫成的。不過，一位看得懂拉丁文的學生，卻聰明（但多事）地把這張論綱翻譯成德文，唸給大家聽。沒過多久，聽的人就越來越多。那天晚上，威登堡教堂人滿爲患，很少有人談別的事情。

在那之後，還運用了當時的最新科技：印刷術大量複印。結果沒過幾個月，這篇文章竟然就傳遍了全德國，然後又翻回拉丁文傳遍大半個歐洲。它散播的速度之快，以至於有人驚奇地說：「似乎有天使在當傳遞者。」

最後，事情越鬧越大。在當時，如果不承認教廷的權威，是很有可能被判爲異端，並抓到火刑柱上燒死的。

一五二〇年，教廷宣布開除路德的教籍，並表示任何支持路德的領主也都將遭到同樣的待遇。看起來，路德似乎是玩完了。但就在這時，沸騰的民意讓教廷不得不縮了回去。神聖羅馬帝國的官員氣急敗壞地向羅馬匯報，眼看所有日耳曼人都決心暴動。他說：「十分之九的人喊著路德的名字，剩下十分之一的人甚至喊出羅馬教廷去死！」

礙於群眾的壓力，教廷只好給路德一次為自己申訴的機會。接著，宗教改革即將迎來最後高潮——也就是沃木斯城的帝國會議。路德將在那裡接受最終的審判。

「這是我的立場，我別無選擇！」

許多人都勸路德不要前往沃木斯，因為教廷很有可能直接綁架他，然後當成異端燒死。但路德只回應：「房屋可燒毀，但眞理不可焚盡。雖然沃木斯的魔鬼多如屋上的瓦片，我還是要到那裡去。」

一天以後，馬丁．路德在指定的時間前往皇帝宮廷，驚訝地發現宮廷的入口已經被擠得水泄不通。他艱難地穿過人群，在進去前，身邊的一名戰士叫住他：「小僧侶，你即將前進的道路，即使是我們這群身經百戰的戰士也未曾經歷過。但只要你的目的是正當的、並且擁有信心，你就是奉主之名前進。放心吧，上帝必不離棄你！」

馬丁．路德點點頭，走進了大門……

會議只要求路德做出一個最簡單的回答。

「你仍然堅持你的主張，還是願意撤回？」

剛開始，馬丁．路德試圖拖延時間，但是會議決議，他必須在明天的會議上給予一個清楚的答覆。說老實話，這時候只要一句「不願意」，會議就不需要再進行下去，直接用判決就可以定他的罪！

當天晚上，陷入絕望的馬丁．路德對著上帝不斷禱告：「祂的名是我的避難所、我的堡壘，是因爲祢聖靈的權能力量……」「我的靈魂是祢的、是屬祢的，必要永遠與祢同在。阿們。」

禱告完後，他重新找回了力量，也才終於能夠自由地順從自己的判斷與良心。

隔天下午六點，馬丁．路德再度進入帝國議會。雖然這次的議場換到更大的一樓大廳，卻仍然被擠得水泄不通。

沿著牆的燈火點燃昏黃大廳。馬丁．路德緩緩步入，頭頂上的頭髮剃得光亮，幽黑的眼睛閃如火光。他看著火炬的紅光照在每個人的臉上，一直延伸到最後方面色蒼白的年輕皇帝。他一旁環繞著教廷紅衣主教和全副武裝的西班牙侍衛，看起來簡直就像處在狼群中央的羔羊。

他沒有使用當時的國際語言拉丁文，而是用德文開始了他的自白。

他說：「這些書都是我的，也是我發表的。我不認爲自己是聖人，但也不能收回這些言論。因爲我只能以此抵禦我的反對者，否則他們將更殘酷地粉碎上帝的子民。」

所有人都震驚地看著路德，因爲他說話的語氣不像是一個有生命危險的人，反而看起來像是個正在邁向勝利的王者。

最後，教廷代表問他：「那麼你是撤回、還是不撤回??」

這時，馬丁．路德終於說出整段宗教改革歷史裡，最有名的那句話。畢竟他不能也不願撤回，因爲違背良心是愚蠢的，也是危險的。

「這是我的立場，我別無選擇。願上帝幫助我，阿們！」

這句話音量不大，卻是撞出一個新時代的聲響。過了一會兒大廳才整個爆發，每個人都在說話。這等於馬丁．路德的異端罪名正式成立。不久後，帝國議會便做出「沃木斯決議」，判處馬丁．路德爲異端。

就在這時，傳出了一個令人震驚的消息：馬丁．路德消失了!!

頓時謠言四起，有人說他遭到教廷的謀殺；也有人說他是被德國的反對派殺掉了。而流傳最廣的謠言是他被許多名蒙面騎士「綁架」，接著便消失在綠色的祕林中。其實，馬丁·路德是被支持他的薩克森選帝侯綁架到一個安全的地方了。

馬丁·路德在那裡待了一年。但是，這種寧靜的生活卻無法持續太久。沒有路德的威登堡立刻陷入混亂。失去了信仰中心的眾人開始各說各話，「先知」們一一出現，但所做的卻不是引世人到自由人文的思想裡，反而用各種神啓異象號召人民。

馬丁·路德聽到消息後極爲痛心。一來是因爲自己的名聲、還有支持者紛紛遭到攻擊；另外一個原因則是因爲過去他針對「贖罪劵將會帶來無窮盡的混亂和戰爭」的指責，正在一步步成眞。

一年後，他寫信給正在疲於應付國內越來越多異議的腓特烈選帝侯：「現在不是你保護我，而是我保護你的時候了。」

馬丁·路德終於現身威登堡，並開始登臺傳講、寫文章，短短八天內秩序就恢復了。從此以後他便待在那裡，直到離世。

宗教改革的烈火正式燃遍整個歐洲大陸。宗教戰爭一直持續到一個世紀之後的三十年戰爭。最後，新舊教雙方終於簽署了承認對方信仰的「奧格斯堡宗教協議」。

教廷時代結束了，取而代之的，就是歐洲新的統治者：國王。

歷史課本
只有這樣說：

「十六世紀宗教改革的首先發難者為日耳曼地區的馬丁·路德。一五一七年，教宗為修築教堂，派特使到日耳曼地區銷售贖罪券。但路德認為過分強調贖罪券的功效，會貶低對上帝和基督教的信仰，於是寫下〈九十五條論綱〉。」

第十七講

真實的「神鬼奇航」一點也不浪漫

——十八世紀的海盜黃金時代

上次我們說到宗教改革和之後一個世紀的各種新舊教爭鬥，而這一切基本上都在一六四八年的三十年戰爭後結束。從此以後，教廷退出歐洲政治舞臺，而也就是在這個時代，歷史課本開始變得一團混亂。整個十七到十八世紀就是一大批讓人背到想死的國王、讓人背到發瘋的戰爭，還有讓人背到想撞牆的科學革命啓蒙運動。

但是說眞的，我沒有打算把這麼複雜的一世紀都在十分鐘內說完，我只想談一點好玩的東西，讓大家多多少少了解一下這個時代的背景就夠了。

什麼東西好玩呢？

答案是——海盜。

西元一七二四年，一名自稱查爾斯．詹森艦長的匿名作家出版了《海賊簡史》，一口氣揭露了十八世紀初，加勒比海上二十位最聲名狼藉的海盜。其中包括傳奇女海盜安娜．邦妮、發明海盜旗的棉布傑克，甚至還有當海盜當到英國政府抓不了，乾脆直接招降變成當地總督的亨利．摩根，以及最有名的黑鬍子。

這次要講的，就是知名海盜「黑鬍子」的故事。從他身上，我們見證了這整個史稱海盜黃金時代的崛起與衰退……

故事要從十五世紀開始說起，做爲「地理大發現」時代的兩大強國，整個海洋都是西葡兩國的天下，尤其是西班牙。一時間，西班牙彷彿成爲世界的中心，一個個奇蹟降臨在伊比利亞半島上這個飽經滄桑的國度。整個十六世紀，西班牙國王卡洛斯一世這樣形容自己的國家：「在我的領土上，太陽永不落下！」

這就是「日不落帝國」最早的稱號。

但是好景不常，在之後的一個世紀裡，西班牙的國勢越來越弱。在海外，要面對荷蘭和英國這兩個新的海上競爭者（臺灣史上荷蘭趕跑西班牙，就是在這個時期）；陸地上，強權法國則越來越具威脅性。

而最大的問題就是在王室自己：因爲強調血統純正而近親通婚的結果，導致西班牙王室成員的整個基因開始出現大問題，其中最有名的一位代表人物，就是西元一六六五年繼位的「著魔者」卡洛斯二世。

根據歷史記載，這位國王從一出生就被認爲隨時可能夭折。患有多種遺傳病和癲癇的他，四歲才學會走路、八歲才開始說話，而且還因爲大舌頭，說的話不但沒人聽得懂，還邊說邊流口水。

西元一七〇〇年，這位西班牙國王艱難的一生即將走到盡頭，沒有子嗣的他引起了許多國家的覬覦。爭奪到最後，留下了兩位有點裙帶關係的競爭者：一位是神聖羅馬帝國的王族，另一位則是法國的王族。兩相權衡之下，卡洛斯二世最後選擇把王冠交給了法國。

簽完遺囑之後，哀傷的國王痛哭流涕地嘆道：「我已經一文不值了！」

一個月後，卡洛斯二世終於撒手人寰。隨著他的過世，對於繼承人選不滿的許多國家，開始進攻法國和西班牙。一七〇一年，「西班牙王位繼承戰」正式爆發。

政府核可，從此成為海賊王！

歐洲的戰爭立刻延燒到美洲的殖民地。法國和西班牙決定把矛頭瞄準脆弱的英國商船，而當時的法國國王，就是有名的太陽王路易十四，甚至把這件事「外包」給比較便宜的私人劫掠船。

剛開始，成效非常驚人，每年法國海盜都「拿下」超過五百艘的英國船艦。但是法國才得意沒多久，很快地，英國就開始如法炮製，撒出了大量的私掠許可證搶劫法蘭西商船，讓戰局逐漸遭到扭轉。然而，隨著一七一二年英國的勝利，另一個問題就開始出現了。

原來，在戰爭勝利之後，這些國家許可的海盜該怎麼辦？代表英王的總督來到北美大陸，宣告過去頒發的私掠許可證全部無效。這時候，海盜只有兩種選擇：接受英王的特赦回到陸地，或是與強大的皇家海軍全面開戰。

大部分的海盜都選擇歸降，但有一位叫做愛德華．蒂奇的海盜選擇留在海上，他就是日後令人聞風喪膽的：黑鬍子。

之所以得到「黑鬍子」這個名號，就是因爲他有一把又黑又厚的鬍子。在搶劫時，他甚至會把點火的引線黏在鬍子上嚇唬敵人。野心勃勃的他不但拒絕特赦，還把目標放在一艘法國的巨型武裝運奴船——「協和號」上。這艘船是當時整個加勒比海噸位最大的武裝船隻，十六門大砲、五十名槍砲手，皆讓所有海盜望而生畏。

不過懂得算計的黑鬍子清楚知道，運奴船從非洲出發到加勒比海，至少花了八個星期，船上的船員早就因爲敗血病和傳染病損失過半，剩下的也都無心戰鬥。果然，當黑鬍子一靠近，運奴船馬上就升起白旗投降。

海盜接掌了運奴船並重新改造，現在的新船擁有三十二門大炮、超過三百名船員，成爲加勒比海上最令人恐懼的重型戰艦。而且海盜也根據這場安妮女王戰爭（西班牙王位繼承戰在美洲的叫法），爲這艘重戰艦取了一個全新的名字——安妮女王復仇號。

之後，一切反攻行動就都簡單多了……

接下來的三個月，整個北美大陸都快瘋了。因爲黑鬍子幾乎完全截斷了英國到北美的航道，差點因此讓英國破產。

關於黑鬍子的傳言滿天飛。有人說他是天生的惡魔，每次劫掠都要殺死整船的人，或是強迫他們去跳甲板，還有船長甚至被迫吃下自己被割下來的鼻子和耳朵。

幾乎所有人都無計可施。但無論黑鬍子的傳說如何嚇人，還是有個人擁有足夠的決心，要來對抗這個傳說中的大魔頭。他就是被黑鬍子搶得最慘，在北美殖民地貿易中血本無歸的維吉尼亞總督。

西元一七一八年十一月，兩艘英國重型軍艦先後來到維吉尼亞殖民地，兩位艦長穿著整齊乾淨的純白襯衫與藍色天鵝絨制服，前往總督官邸。

總督一見到兩名軍官，開門見山就說：「先生們……你們要替我抓到『黑鬍子』！」

兩名軍官答應了，立刻和總督著手討論作戰計畫。其中一名艦長推薦了他的可靠手下梅納少尉，擔任逮捕行動指揮官。

海盜黃金時代的終結

英格蘭皇家海軍報告指出：一七一八年十一月二十二日。烏雲籠罩、幾乎無風、海面平靜。

凌晨五點半，梅納少尉穿著藍色的全副軍裝，一個人站在甲板上凝視著淡紫鑲橘的海平面。在航行過程中，皇家海軍必須一邊躲避暗礁，一邊在不被黑鬍子發現的情況下悄悄接近敵方。

突然間，警告的鐘聲從海盜船發出，響徹整個海平面。

他們被海盜發現了！

但是海軍還是依照原定計畫持續靠近海盜船。隨著雙方距離越來越近，近到可以聽到彼此聲音的時候，黑鬍子對著梅納少尉大喊：「該死的鼠輩，你是誰？」

少尉也不甘示弱地表明：「我們可不像你們是海盜。」

聽到這裡，黑鬍子立刻就明白了來者的身分。他冷笑了一下，轉身下令：「開火！」

海盜船的砲火迅速而猛烈。英國海軍不得不迂迴前進，同時還要避開所有淺灘，以免擱淺。兩軍砲火氣勢如虹、疾風迅雷，就在最關鍵的時候，海軍的一發砲彈射斷了海盜懸掛帆布的繩子。就是這一擊，讓海盜船慢了下來。

「升旗！」梅納少尉下令，代表海外政府軍的米字藍船旗冉冉上升，一邊朝著海盜船全速前進。

但是，這已經足以爲海盜們爭取到寶貴的十到十五分鐘穿戴好武器，準備即將到來的接舷戰。

「準備開火！」

黑鬍子下令，火炮手、槍砲手全部瞄準前來的英國海軍。

英國海軍逐漸靠近。五〇〇公尺……四五〇公尺……四〇〇公尺……

黑鬍子沒有下令開火，航海手托馬斯・米勒急得不停催促。

「船長！」

黑鬍子不耐煩地把他推倒在地。這時海軍船艦已經距離不到一五〇公尺。

「攻擊!!」

終於，黑鬍子下令，轉瞬間火炮與槍枝齊發，海面上頓時硝煙瀰漫。梅納少尉的軍艦直接暴露在火力之下，損失慘重，另外一艘船艦更是動彈不得。等到硝煙漸漸散去，梅納少尉站在船舷，身邊只剩下少少的五、六人。

黑鬍子哈哈大笑，下令搶奪軍艦。

在搶奪前，海盜丟出幾個土製炸彈到對方的甲板上。爆炸之後，黑鬍子跟他的手下一同登上軍艦，也迎來這場戰役中最戲劇化的一幕……

事實上，皇家海軍早就料想到這一手，所以在下層甲板藏著許多裝備精良的武裝部隊。當海盜一個個爬上軍艦，下層甲板的正規軍也傾巢而出，雙方陷入了赤裸裸的白刃戰。就在廝殺的過程中，梅納少尉正面遇上了黑鬍子。

在這一瞬間，兩人拔出手槍，在漫天煙霧中幾乎同時開槍。因爲喝醉酒，結果黑鬍子沒打中少尉，但少尉的子彈卻不偏不倚地打中了他的肚子。中槍的黑鬍子發出一聲狂吼，一手拿刀、一手抓住少尉準備往下劈砍……就在這千鈞一髮的時刻，一名海軍從旁用刺刀刺入黑鬍子的脖子！血像噴泉一般湧出，濺在梅納少尉的臉上。黑鬍子不願服輸地到處亂砍，但是越來越多的軍人湧上。直至倒地爲止，黑鬍子身上總共出現二十處刀傷、五處槍傷。

海軍砍下黑鬍子的頭懸掛在桅桿上，這就是一代海賊之王最後的下場。

一七二五年之後，加勒比海上的海盜基本上已經被肅清，海盜黃金時代也就正式結束了。

這個時代是英國稱霸世界前的最後一道障礙。從那以後，老舊的西班牙「日不落帝國」逐漸沉沒，新的聯合王國正取而代之，在全世界開疆擴土，終成新一代的日不落帝國。

然而整個十八世紀，就是各國相互競爭的世紀，勝利者可以享受到殖民地帶來的巨大經濟利益，但是戰敗者卻要面臨經濟崩潰的嚴重苦果。而這樣的結果所奪走的，甚至可能是——國王們頭上的王冠……

歷史課本只有這樣說：

「最早開闢新航路的是十五世紀的葡萄牙人與西班牙人。但到了十六世紀末，葡萄牙、西班牙的商業殖民帝國地位，因荷蘭、英國的加入而出現重大轉變。」

第十八講

假新聞怎樣在法國大革命殺死了王后？

——瑪麗・安東尼與「鑽石項鍊事件」

「勝利者一無所獲。」

海明威的這句話，完全可以應證在大革命前夕的法國身上。

上次我們講到了英國在海洋上的崛起，自從肅清了加勒比海盜後，大英帝國就如同冉冉上升的朝陽一樣凌駕歐洲大陸。而英國國勢的上升，勢必讓某些國家感到不爽。是的，不爽的就是歐陸的霸主：法國。

整個十八世紀，英法就爲了爭奪殖民地暗中較勁，而兩個大國的競爭關係，最終在一七五六年變成一場眞刀實槍的直接較量——七年戰爭。最後，戰爭以法國損失慘重做結。戰後的法國被迫放棄印度、加拿大、美國密西西比河東岸等殖民地，還背負了沉重的戰爭債務，國王路易十五的聲望也顯著下滑。

所以，當二十年後北美爆發獨立戰爭的時候，就不難想像法國有多爽惹！法王路易十六的寵臣向國王進饞言：「如果您本人不想受到侮辱和削弱，您就得侮辱和削弱英國人！」

就是這句話導致路易十六決定公開與北美殖民地結盟，並提供了超過八百萬美元的資助、七八〇〇名法軍及八千名大陸軍。法國的慷慨解囊果然讓北美十三州取得了勝利，而這場戰爭給法國的回報是：打敗英國的愉悅感，和破產危機。

這樣荒唐的時代裡，我們就從一名貴族女性的故事，來看整個法國大革命從醞釀到結局的過程。這位女性，就是路易十六的王后，瑪麗．安東尼。

瑪麗皇后躺著也中槍

在歐洲王室裡，大概沒有比瑪麗．安東尼王后更有名的人了。事實上，她的人生前半段簡直像一個童話故事一樣。

她從遙遠的奧地利嫁到法國，國王非常愛她，人生中被視爲最高成就的幾樣東西，像財富、名望、愛情、家庭，在王后僅僅十七歲的年紀便都已經擁有了。幾年之後，王后爲國王生下了兩位公主、一位王子。一家人住在美麗的凡爾賽宮中，就像一場無瑕的美夢。

但事實上，王后並沒有你我想像中那麼快樂，她的人民並不愛戴她。原因很簡單：她太奢侈了。

不過很有趣的事情是，王后認爲自己反而是偏好樸素之美的。實際上，這種樸素之美的代價非常高昂，光是把離宮改造成她喜愛的自然景觀，換算起來就花了兩億多臺幣，更不用說還要想辦法把整座森林移植到皇宮的庭院裡。

不只如此，爲了辦一場具有田園風光的聚會，她又在皇宮裡搭建了一座鄉村農場，裡面有多個遊樂場、飲食攤販，到了晚上還有二三〇〇盞彩燈把花園染成玫瑰色。這些，又花了兩億多。

在困苦的人民眼中，王后無疑是個奢侈享樂、不知民間疾苦的人。她被稱爲「奧地利女人」，因爲法國百姓並不認同她是法國的王后，她始終是外國人。但王后聲望跌到谷底，卻是由於一串鑽石項鍊……

「鑽石項鍊事件」是大革命前發生的最大宮廷醜聞，很多歷史學家認爲，即使這起事件和大革命沒有直接關係，至少也是大革命提前發生很重要的催化劑。在這起事件中，有幾名重要角色：王后、主教、妓女、女騙子。主教想要獲得更大的影響力，而女騙子渴望皇室的贊助和更多利益。而故事就圍繞著這兩個人開始延燒。

一天，主教憂愁地在官邸內踱步。曾經擔任維也納大使的主教並不受王后喜愛，即將失去權力與職位的恐懼，使主教心急如焚，而在這時女騙子接近了主教。

事實上，女騙子根本不認識王后，但是她卻讓主教相信自己深受王后的寵幸，並能拉擡主教在王后心中的地位。在困境之中的主教像抓住救命稻草一般，兩人祕密地結了盟。

女騙子帶給主教宣稱來自於王后的書信，信中的語氣一次比一次和緩。但在信裡面總是以王后要舉辦慈善晚會、要捐贈的名義，請主教慷慨解囊，而每次主教自然都是義不容辭。而這一天帶回來的書信更加勁爆：基於某種神奇的原因，主教相信王后對自己有意思。一七八四年八月，在女騙子的安排下，主教終於與「王后」在凡爾賽宮……

……的後花園

……的角落

……的樹叢見了面（WTF??）

但是，這當然不是眞正的王后啦！法國宮廷多歡樂啊？王后如果眞的想要和你幹什麼，也沒必要和你在御花園的樹叢裡見面吧？所以主教見的，其實只是一名容貌很神似王后的妓女。

不過，幸福來得太突然的主教當然沒想這麼多。事後女騙子拿出了另一份書信，裡面宣稱王后好想要一條鑽石項鍊，但這不是一條普通的鑽石項鍊，而是一條現今價値高達八億臺幣的項鍊！

主教答應了，當然事跡也很快就敗露了。

國王聽到後勃然大怒，立刻下令逮捕主教和女騙子，但因爲證據不足，女騙子雖然被判處監禁，但主教和妓女都被法院裁定無罪。整場事件最大的受害者，竟然是跟鑽石項鍊事件一點關係都沒有的瑪麗．安東尼王后。

因爲，這時各種八卦和流言蜚語四起，雖然事後證明王后本人眞的跟這起事件無關，但八卦小報提供給人民一個比眞相更吸引人的謊言。

報上說，王后就是這起事件的主導人，她利用女騙子來剷除她厭惡的主教。所以，當法庭宣布主教獲判無罪的時候，法官直言不諱地譴責王后：「有鑑於法蘭西王后陛下的輕浮、言行不檢，我們認為紅衣主教上當，是完全合理的。」

法官宣判時，群眾頓時爆出熱烈的掌聲。瑪麗・安東尼王后以及她頭上那比王冠還重的「赤字夫人」奢侈浪費形象，已經永遠烙印在她的身上。

事實上，鑽石項鍊事件爆發的時間點超級不巧。一七八六年的夏天，法國主計長冒著冷汗對國王路易十六報告：法國當下虧空超過一億里弗，此外還有兩億五千萬里弗的逾期債款。在這種財政瀕臨崩潰的情況下，財政大臣建議國王召開已經超過兩個世紀沒召開的三級會議。

三級會議就是貴族、僧侶和平民三個等級的聯合會議。當為數眾多的平民議員前往凡爾賽宮時，眾人投以最熱烈的歡呼；當貴族和教士代表經過時，群眾則冷漠以對；最後，當王后經過時，甚至有人喊出王后死敵的名字：「奧爾良公爵萬歲！」差點沒把王后給氣暈過去。

整場會議到最後更是極度的荒腔走板。

開幕會從早上八點開始，保守陳腐的大禮官竟然按位階一個個唱名進入議場，超過六百名以上的平民派議員被晾在大廳外三個小時，等進入議事大廳後，已經超過十一點。法王致詞「我沒錢請給我錢」之後，就散會吃中飯了。

最後，一場三級會議開了整整五天，卻竟然連怎麼投票都還沒有決定。貴族和教士堅持一個階級一票，平民代表當然死守一人一票。最後兩邊實在僵持不下，貴族和教士乾脆宣布退出，自組議會。當平民階級的議員去請求貴族回來參加三級會議時，貴族很不屑地對平民代表說：「說吧，你開價多少？」

什麼意思呢？原來貴族完全誤會了。他以爲，平民代表只是想要藉由投票之名行敲詐之實，打算用錢擺平。平民代表聽到後，當然非常憤怒，最後他們也乾脆自組議會，既然平民占法國國民的九成，所以這個議會就取名爲「國民議會」。

而這，也就是大革命的序曲。

染血的童話故事結局

革命一開始後，各種報紙紛紛出籠，最有名的是極左派的小報《杜謝內老爸》（*Le*

Père Duchesne）。它主張剷除所有的經濟貴族，並將財產公平分配給窮人。這本來是好事，但是《杜謝內老爸》和當時的所有左派報紙一樣，爲了打擊王室和貴族，用各種未經證實的謠言來抹黑國王和王后。

隨著人民越來越受這種報紙影響，路易十六也越來越恐懼：「雖然現在看起來還好，但是總有一天百姓會要求推翻王室。」在這樣的恐懼和王后耳語的互相夾擊下，他決定鋌而走險，逃出法國！

時間不再是童話故事體的「很久很久以前」。現在的故事有個具體的時間：一七九一年六月二十日晚上，國王路易十六和瑪麗王后帶著家人和隨從共十一人，在國民議會的監視下，偷偷裝扮成普通人好離開巴黎。只要國王來到邊境，就能獲得外國軍隊的馳援。憑著國王在人民心中的高支持度，或許就能站穩腳跟，恢復國王的權力。

當天深夜，十一人分別乘坐一大一小的馬車離開。當外面傳來已經平安離開巴黎的消息，緊繃到極點的氣氛才開始緩和。瑪麗王后抱著自己的兒女，連路易十六都鬆了一口氣。

車隊持續向東前進，乳白色的霧飄散在法國乾淨的地平線上，遠方紅紫色的微光升起，天空上的雲淡紫鑲橘，點綴數點繁星。但是這樣的氛圍沒有持續多久。早上在巴黎的杜麗樂宮，拉法葉侯爵一如往常前往會見國王，卻發現國王並不在寢室內。而且不只是國王，王后、皇子一家人全都不見了。

侯爵最後在國王的桌上發現一封信。打開看了之後，冷汗從他的額頭上冒出，他立刻扔下信件衝出宮外，並組織了一隊士兵，命令只有一個：「追回國王！」

遺落在桌上的信件是國王親筆所寫。裡面宣告自己已逃離巴黎，並痛訴國民議會從國王手中奪下各種外交、軍事及行政權力，並宣告從一七八九年革命開始後，自己簽署的一切命令皆屬無效。

「國王逃離法國」的消息瞬間傳遍整個巴黎。

在議會上，議員首度開始討論廢除君主制度的可能性。溫和派大肆抨擊這樣不切實際的想法：從查理曼開始，國王就一直是法國的行政中樞。放下權力是一回事，但法國歷史上從來都沒有施行過無國王的政府；激進派議員則反駁，過去千年沒發生過的事情，不代表明天不會發生。

二十一日傍晚，國王一行人來到瓦雷納。這裡幾乎算不上是一個城市，即使到了二〇〇八年，該市鎮的人口總數也只有六六八名。該市的鎮守兵從一枚硬幣上的頭像認出了路易十六，國王對市長坦承自己的身分，並祈求能夠放他們離開。

面對國王低聲下氣對自己哀求，市長原本答應了，但市議會並不同意。他們告訴國王，這必須通過市議會的同意，還一邊拖延時間，並同時緊急下令國民衛隊就位，以防遭受親國王的部隊攻擊。等到巴黎國民議會的使者一到，市議會幾乎是毫不猶豫就交出國王。二十二日清晨，國王一家被逮捕，車隊轉向將他們運回巴黎。

路易十六在制定憲法之後沒多久，於一七九三年被送上斷頭臺。幾個月後，瑪麗王后因爲自己糟糕透頂的名聲，加上多次公開支持自己的娘家奧地利（在當時，奧地利是保守主義的大本營）。這樣的行爲引起了市民極大的憤慨。「赤字夫人」「奧地利女人」在被幽禁於巴黎古監獄後的兩個月，也被處以叛國罪而走上了斷頭臺。

閱讀了報紙的巴黎民眾，想知道這樣的外國蕩婦究竟長得如何，爭相前往觀看王后的死刑。

王后挺步向前，回頭望了望臺下的民眾，看見《杜謝內老爸》的主編也站在其中，她不屑地轉頭。

這時，瑪麗王后不小心踩到了劊子手的手。她幾乎像是本能反應的說了一句：「我很抱歉，先生。」

這就是一生被抹黑的「赤字夫人」「奧地利女人」的最後終曲。

歷史課本只有這樣說：

「一七八九年七月巴黎形勢緊張。七月十三日晨，激憤的巴黎市民湧上街頭，經過激烈戰鬥，七月十四日市民攻占巴士監獄，象徵舊制度的毀滅與大革命的開始。」

第十九講 如何靠著外交與烽火成為歐洲第一強國？

——俾斯麥賭上生命完成的挑戰

上次我們從瑪麗王后的視角了解了法國大革命，但整場革命最終勝利的不是貴族也不是平民，而是一位軍事天才：

西元一八〇四年十二月一日，整個巴黎散發著濃濃的節日氛圍，到處都響著鐘聲，劇院全都免費入場，每個角落都播放著音樂。拿破崙緩緩走到聖母院的祭壇前，從教宗手中拿走了皇冠，自己加冕成爲皇帝。

司禮官宣告：「最尊貴、最崇高的拿破崙皇帝、法國皇帝，現今已加冕並登基。皇帝萬歲！」

歡呼聲立刻響徹雲霄，就在這一刻，歐洲最厲害的軍事強人誕生了。

在接下來的兩年裡，拿破崙大敗日耳曼諸國聯軍、廢了已經存在一千多年的神聖羅馬帝國，還將剩下的日耳曼諸國組成自己的附庸國「萊茵邦聯」。本來德意志諸國裡，大家一直不覺得統一有什麼必要。但就因爲拿破崙這樣一攪，立刻激起了德意志民族的國仇家恨：×的！自己的國家竟然被法國佬占領了啊啊啊!!

「我們要結合、要壯大自己的力量！」於是，最浩大的德意志統一運動，也就風風火火地開始了……

一八六二年，德意志新興強國普魯士的政治家俾斯麥就任首相。在一場對下議會的演說中，他說：

「普魯士在德意志的地位，不取決於它的自由主義，而是取決於它的力量……當代的重大問題不是透過演説和多數派決議所能處理的，而是要用鐵和血來解決！」

就是這場演講，讓俾斯麥獲得了「鐵血宰相」的稱號，而這也的確滿符合普魯士之後的外交作風。統一德意志的第一步，就是清除德意志地區的外國勢力，比如丹麥。

打贏敵人不靠武器，靠一張嘴

丹麥位於德國北方，和德意志有許多剪不斷理還亂的領土糾紛，這些地方都十分適合與丹麥開戰。

西元一八六四年，鄰近漢堡的兩個州在當時屬於丹麥領土，但因爲數百年來各種領土糾紛、條約重疊，根本沒有人能夠釐清這兩塊土地到底是屬於誰的。這裡，就是俾斯麥第一個準備攻下的地方了。

但令人訝異的是，在開戰前他竟然去尋求最強大競爭對手奧地利的支援。他跟奧地利說：「現在我要打丹麥了，不管你加不加入我都會打，你自己看著辦吧！」

奧地利首相立刻陷入兩難。因爲奧地利在南方，從丹麥獲得的領土對奧地利來說根本就是雞肋。但另一方面，奧地利又很怕普魯士單獨獲得新的領土，進一步威脅到自己的霸權，所以還是答應一起侵略丹麥了。

在強大的普奧聯軍面前，弱小的丹麥當然很快就落敗了。但奧地利萬萬沒想到，這時候他們其實已經呑下了有毒的誘餌，因爲俾斯麥的視線已經偷偷落到這個德意志地區最強大國家的身上。幾年後，就是因爲這幾塊地方，讓普魯士找到對奧地利開戰的藉口。

對奧地利開戰是有必要的。普魯士這個老二想要統一德國，勢必得排除奧地利這個老大哥才行。俾斯麥一邊要陸軍進行戰爭準備，一邊則想盡辦法在外交上孤立奧地利。他知道打敗奧地利的關鍵，不是在腥風血雨的戰場，而是在沒有煙硝的外交談判桌上。

奧地利畢竟是歐陸第二的超級強國，要怎麼打敗它呢？

必須獲得歐陸最強國家的支持才行。

誰是歐陸最強的國家？

——法國。

爲了達成這個目的，俾斯麥眞的以度假之名跑到法國北岸的海水浴場，並且在法國皇帝拿破崙三世的別墅附近，租了間房子埋伏，就爲了要等待和法國皇帝面談的機會。

果然，他等待的機會終於來了。

這一天，俾斯麥看到法國皇帝走出家門，向眼前的海岸走去，愛犬就跟在主人的身後。

這場短短的會面，決定了整個歐洲的未來。

海浪輕柔地覆蓋在柔軟的白沙上，海水潮濕的氣味迎面而來。俾斯麥一邊聽著柔美的浪聲，一邊跟法皇說：「普魯士跟奧地利，即將展開一場兄弟之戰。」

因為多年的繁忙政務，法國皇帝的臉色顯得很蒼白，但他的腦子很清楚。他想到自己那些喜新厭舊的國民，知道自己必須再做點什麼，才能保住皇帝的位置。攻打奧地利的確是一個很不錯的選擇，這個國家的領土很大，但國勢很弱，而且非常保守，一直都是改革派巴黎報紙的眼中釘。

再三權衡之後，拿破崙三世輕輕地說了一句：「我不反對。」

俾斯麥聽到回答之後，暗自鬆了一口氣。現在，橫在普魯士眼前的最大障礙終於清除了。

排除奧地利的時刻到了。

但是，這可是要跟德語國家中最強大的奧地利開戰。所以當普魯士國王威廉一世向全國下達總動員令的時候，宮廷內所有人都反對國王的這項舉動。國內外有力人士紛紛狂奔到皇宮裡，請求國王罷免俾斯麥；王后憤怒地離開柏林，王子裝病當做沒聽到，王子妃則十萬火急地寫信到倫敦，請求母親維多利亞女王的幫助。

就在這眾叛親離的時間點，俾斯麥卻說：「我現在是整個國家最憎恨的人，我現在做的，就是在賭上我的這顆頭。縱使我之後會被送上斷頭臺，我也決定要完成這件事！」

俾斯麥心事誰人知

無論如何，俾斯麥最終獲得了最堅強的支援，那就是普魯士國王威廉一世的支持。一八六六年六月十四日，普魯士軍隊如雪山崩裂似地征服了奧地利的德意志邦國，主力部隊更迅速跨過奧地利國境，向維也納進軍。

全歐洲都傻了。

普魯士人民一反之前的反戰氛圍，如今天天都到曾被視爲惡魔的俾斯麥官邸前慶祝勝利。兩個月內，這場德意志兩強的爭霸戰爭就結束了。

但是，明明戰勝卻產生了另一個極爲重大的危機，俾斯麥也即將迎來他一生中最艱難的挑戰。

那就是……迅速與奧地利和解！

爲什麼？爲什麼要千辛萬苦攻打奧地利，然後又和解呢？

這就是俾斯麥最令人欽佩的地方。他知道讓普魯士軍隊在維也納進行凱旋式，對將士是一個多大的鼓舞；而戰勝方向戰敗方要求割地賠款，又是再正常不過的要求。但俾斯麥的目標一直都很清晰：和奧地利宣戰的原因，僅僅是因爲必須把奧地利排除在新的德意志霸權之外。眞正的敵人並非奧地利，而是法蘭西。普法間必有一戰，而當這場戰爭來臨時，普魯士需要奧地利這個盟友。

要達成這目的，普魯士就必須以寬大的條件與奧地利講和。俾斯麥斷然阻止了普軍進攻、要求和解。此外，他更發布了講和的根本原則：不割地、不賠款。

普魯士的軍官全都爆炸了。將軍們全都以爲俾斯麥在兵臨城下的時候竟然退卻了，但他們卻不曉得他在怕什麼，只能狂罵俾斯麥：「你這卑怯的懦夫！」

甚至連一向支持他的國王威廉一世也覺得，這時撤兵實在是太遺憾了，即使要講和，至少也得要求割地和賠款！

七月二十三日，普魯士召開了史上有名的御前會議。根據俾斯麥自己的回憶，他在會議上強力主張：合約必須依照奧地利開出的條件締結！

憑什麼戰勝方得遵守戰敗方開出的條件啊??在場連一個贊成的人都沒有，國王威廉一世也支持大多數軍人的意見。

俾斯麥回憶：「當時我的神經因爲連日連夜的心痛，再也承受不住了。」他搖搖晃晃走到隔壁的房間，想要辭去首相一職，甚至想直接從窗戶一躍而下。但是就在這時，背後的門打開了，走進來的不是國王，而是王子。

王子把手放到俾斯麥的肩膀上說道：「我反對這場戰爭，你是知道的。但是，如果你認爲現在可以締結和約，我就支持你，在父王面前擁護你的意見。」

說完，王子馬上回到國王身邊試圖勸告。大約半小時之後，王子終於回來了：「雖然說服父王非常費力，但是他總算答應了!!」

在御前會議的文件上面，威廉國王用鉛筆這樣寫道：「在軍隊方面有了這樣的勝利後，卻發現皇太子竟然也有和俾斯麥相同的意見。我雖然不太同意，但是也只能咬著牙，吞下這酸澀的生蘋果了。」

沒有人知道俾斯麥的大計，甚至沒有人了解俾斯麥。他就在這種情況下繼續堅持自己的道路。

一八七〇年，普魯士終於對最後一個阻礙——也就是法國——發動了戰爭。在戰勝之後，普魯士爲了報復之前拿破崙時代的恥辱，開出了極爲嚴苛的條件：割地，並賠款六十億法郎。法國外交部長看到後差點沒吐血，但最後仍然像洩了氣的皮球一樣，癱軟下來。

做爲最後的反抗，他無力地對俾斯麥說：「讓你們統一了德國的，是我們呢。」

俾斯麥冷靜地回應：「也許吧。」

一八七一年一月十八日，這天早上，準備即位的威廉一世哭了。從今天起，他就要捨棄「普魯士國王」這個腓特烈大帝的稱號；從今天起，他就要變成史無前例的「德意志皇帝」了。

在王子的帶領下，六百名將軍、高官，整隊走進了凡爾賽宮的明鏡廳。最後，威廉國王走了進來。等諸王入座後，俾斯麥宣讀了德意志帝國成立的命令。在朗讀結束後，明鏡廳轟然響起了暴雨般的歡呼。

這一刻，德意志帝國成立了。但誰也沒想到，這個新生的歐洲國家，日後竟然會在全世界掀起了驚滔駭浪……

歷史課本
只有這樣說：

「俾斯麥運用外交手段，爭取友邦，孤立敵國。等時機成熟，他發動三次戰爭，完成德意志統一大業。分別是一八六四年的普丹戰爭、一八六六年的普奧戰爭和一八七〇年的普法戰爭。」

這個說法如果是真的，那一戰爆發的原因也太浪漫了

——為愛赴死的大公

上回講到普魯士統一德國。此後整個歐洲基本上平靜了四十多年，緊接著就發生了改變全人類的第一次世界大戰。

講到第一次世界大戰，大家通常想到的多半是滿地泥濘的戰壕、震耳欲聾的砲擊，或是各種恐怖至極的殺人武器。但你知道嗎？這場可怕的戰爭背後，起因可能比想像中還要浪漫……

故事要回到一九一四年六月，那一年比往年來得更加繁盛而美麗。在奧地利的公園裡，作家斯蒂芬．茨威格（Stefan Zweig）正坐在公園裡看書。整座公園到處都吐露出清新

怡人的氣息：一連好幾天都是晴空如洗，草地暖烘烘的散發出清香，還有風聲、鳥鳴、音樂聲和人們嬉鬧的笑語，一切都標誌著一個無憂的夏日時分。

但突然間音樂聲消失了，樹林間川流的人群也都停步佇立。茨威格注意到其中的異樣，便闔起書本朝著人群走去。接著他就得知一個令人戰慄的消息——皇儲法蘭茨・斐迪南殿下及夫人，在前往波士尼亞軍事演習的路上被暗殺了！

斐迪南大公是奧地利皇帝約瑟夫一世的姪子，根據歷史學家的考究，斐迪南其實很不得人緣。有人甚至開玩笑說，斐迪南在成為繼承人後最傑出的一點，就是他在各個階層中都差不多不受歡迎。

他沒什麼人格魅力，看起來也矮胖遲鈍，更糟糕的是他還有很多人際關係上的問題：易怒、記仇、沒朋友。每次與別人來往的時候，斐迪南第一個念頭就是：「這人絕對不懷好意！」

不過這其實也不能完全怪大公，畢竟在他的成長過程中，實在感受不到什麼溫暖。因為他並非直系血親，還遺傳到母親肺結核的病根，導致整個宮廷裡沒有人認為他會繼承王位。大家都比較喜歡皇帝的親兒子魯道夫，而選擇性地忽略斐迪南。

小小的斐迪南就在這艱困的環境下長大，一直到一八八九年發生了一件事，整個逆轉了斐迪南的命運……

意外、意外、意外

這一年，皇帝的親兒子爲愛殉情，斐迪南就這樣毫無準備地成爲了帝國的繼承人。不過斐迪南在愛情上也沒好到哪裡，在成爲繼承人之後，斐迪南經常跟捷克公爵的女兒來往，這讓捷克公爵非常高興。但有次斐迪南在捷克公爵那裡打完網球，卻不小心把懷錶忘在換下來的衣服裡。僕人發現後，便把懷錶交給公爵夫人。

夫人原本以爲懷錶裡一定放著自己閨女的照片，滿心歡喜地打開，看了之後差點沒昏死過去。

原來懷錶裡面的不是小姐，而是小姐的丫鬟啊啊啊（什麼老套劇情啊??）

這名叫做蘇菲的女僕，當天晚上就被掃地出門。

事跡敗露以後，已成爲大公的斐迪南左思右想，終於決定還是要娶蘇菲爲妻。

維也納宮廷整個爆炸了。皇帝法蘭茨．約瑟夫更是堅決反對。

說來皇帝也是滿可憐的，他整個人生就是一部磨難史：弟弟在墨西哥被槍斃、弟媳活活發瘋、唯一的兒子爲愛自殺身亡、妻子被刺殺，現在唯一的繼承人居然想要娶一名女僕！他這皇帝當得實在太窩囊了，說什麼都不能同意！

不過，最後皇帝還是同意了，然而代價卻非常苛刻：一九〇〇年，皇帝要這對夫婦在婚禮前發誓，這場婚姻不是合格的婚姻。蘇菲將來生出的所有孩子都無法繼承大公的權利、稱號、紋章、利益。不但如此，蘇菲在所有公開場合上都無法與丈夫同時出現，只要當宮廷舉辦宴會，堂堂一名皇帝繼承人的老婆，竟然得在最年輕的未出嫁伯爵小姐進入會場後才能進去，而且還只能待在最旁邊的角落裡。

這段痛苦的婚姻就這樣過了十四年。終於在一九一四年六月二十八日，斐迪南夫婦迎來了決定性的一天。

但六月二十八日這個日子並不吉利，因爲六百多年前的這一天，鄂圖曼土耳其擊敗了塞爾維亞王國。對塞爾維亞激進民族主義份子來說，這天是國恥日。

而就在土耳其人好不容易離開之後，奧匈帝國的繼承人卻選在這天跑去叛亂省（波士尼亞）檢視軍隊，這更是對所有塞爾維亞人的侮辱。所以，激進的塞爾維亞人在這一天將大公夫婦雙雙刺殺。

但其實這些民族主義者不知道的是，六月二十八日還有另一個意義：

那正是斐迪南夫婦，宣示放棄繼承十四週年的紀念日。

根據宮廷規定，斐迪南夫婦在公開場合上不得同行，只有一個例外：在國外檢閱軍隊的時候。

斐迪南大公希望蘇菲至少能在這一天站在他旁邊，與他一起分享王室的光榮，但萬萬沒想到這竟然導致了他們雙雙被刺殺的悲劇。

第一顆子彈切斷了大公夫人的胃動脈、第二顆子彈則打中了大公的脖子。蘇菲的身子倒了下來，臉貼在丈夫的雙膝上。斐迪南嘴巴裡流出了鮮血，卻一直在對蘇菲說：

「蘇菲、蘇菲，妳不能死，要爲我們的孩子活下去！」

裝飾著綠色鴕鳥羽毛的頭盔，從大公頭上滑落。

等救護人員來到後，蘇菲已經氣絕身亡了；副官在當天晚上跪在大公床前，詢問是否有遺言要留給孩子時，大公已沒有任何反應。

凌晨兩點，奧匈帝國皇儲死亡的消息迅速從官邸發出，鐘聲不絕，響遍了整個塞拉

耶佛……

友情相挺，報仇雪恨

這個可怕的消息也傳到了德國皇帝威廉二世的耳中。

那天早上，威廉二世在遊船上享受難得的夏日時光。就在這愜意的時候，他突然看見一艘小艇快速朝他靠近，他打著手勢要小艇避開，但一看艇上的人，竟然是帝國海軍司令。

司令掏出一張小紙條，摺好放在菸盒裡，接著拋到威廉二世的船上。一名水手將煙盒撿起，遞給皇帝。當他拿起來一讀，臉色立刻變得蒼白。因爲上面所寫的，正是斐迪南夫婦被刺殺的消息。

斐迪南夫婦個性很古怪，所以他們眞的沒什麼朋友，唯一的例外就是德國皇帝威廉二世。大公與德皇成爲好朋友是在一場德國國宴上。那個時代的宴客方式通常就是一條大長桌，所有人進場的次序、座位，都是根據當時的階層來安排的。

威廉知道斐迪南夫婦的難處，他也想讓兩人坐在一起享受晚宴。但是宮廷裡的人事總是非常複雜，如果對蘇菲太過禮遇，絕對會引起其他貴婦的不滿。在左右爲難之下，他終於想出了一個好辦法。

到了宴客當晚，所有人一進入宴會廳，驚訝地發現宴會廳裡竟然不是一條大長桌，而是許多的小圓桌。這個做法完美地解決了座位次序的問題。當天晚上，德皇和皇后就陪著大公夫婦坐在同一張桌子上。

大公非常感激德皇的用心，兩人因此培養出堅定的友誼。事實上，在刺殺事件發生的兩個星期前，德皇才去了大公的府邸，看他最得意的玫瑰花。

在斐迪南夫婦死後，威廉二世憤怒地在公文旁的批註咒罵刺客是「殺人犯」「弒君者」「匪徒」，並開給奧匈帝國一張「空白支票」——他告訴奧國特使，無論奧地利最後的決定是什麼，德國都全力支持。一九一四年七月七日，奧國特使帶著德皇的承諾回到了維也納，這最終促成奧地利開戰的決定。

七月二十八日早晨，奧匈帝國皇帝約瑟夫一世坐在書房的寫字臺前，看著手中的宣戰聲明。上頭寫道：「承蒙上帝保佑，我依舊強烈希望，繼續展開和平的工作，繼續保護我的人民，讓他們免於戰爭的犧牲和重負。但是，一個惡毒的敵人卻逼迫著我，讓我不得不爲了維護我人民的權利和財產，再次拔出我的利劍……」

奧皇顫抖地舉起一隻羽毛筆，在宣戰書上簽下自己的名字。於是，改變全人類命運的第一次世界大戰，就此爆發……

歷史課本只有這樣說：

「一九一四年六月，奧匈帝國王儲斐迪南大公夫婦訪問波士尼亞首府塞拉耶佛時，遭到暗殺。七月，奧國對塞爾維亞宣戰，俄國支持塞爾維亞發出全國動員令，引發德國向法、俄宣戰。八月，英國以德國破壞中立為由，向德宣戰。」

第二十一講 希特勒當年席捲全國的演說，究竟有什麼煽惑人心的吸引力？

——納粹黨的崛起

一九三三年一月二十八日，威瑪共和國最後一任總理施萊徹爾向興登堡總統遞交了辭呈，興登堡宣布了他的決定。這時，威瑪共和已經盡了一切努力來挽救共和政體。

年老的總統對已經下臺的總理說道：「我一隻腳已經踏進了棺材，我不敢說，我將來在天堂中不會對這個舉動感到遺憾。」

施萊徹爾回說：「在今天之後，先生，我不敢說你會進天堂。」

三天後，納粹黨中央裡也異常緊張。

興登堡總統終於召見了納粹黨黨魁阿道夫．希特勒，他的親信戈培爾在附近飯店的窗口，焦急地翹望著總理府的大門。戈培爾在日記裡寫道：「各種情緒此起彼伏，有時感到懷疑，有時充滿希望。我們過去失望的次數太多了，這使我們不敢眞的相信會發生偉大的奇蹟。」

但是在總統府內，任命與宣示正快速地進行著。最後興登堡只短短說了一句話：「那麼，諸位，隨著上帝前進吧。」

希特勒很快就出來了，他和眾多納粹黨員相互注視著，眼中充滿淚水。戈培爾立刻就知道了——他們親眼看到了一次奇蹟——那個四十三歲、在維也納一事無成的流浪漢、一次大戰的無名小卒、啤酒館政變中有點滑稽的「領袖」……

如今，已經宣誓成爲德國總理了。

戰敗付出的沉重代價

上回講到了第一次世界大戰的導火線，也就是斐迪南大公夫婦的刺殺事件。之後爆發的這場大戰，從西元一九一四年打到一九一八年，奏起了整個歐洲的輓歌。

在這場戰爭以前，歐洲一直都瀰漫著欣欣向榮的樂觀氣息。然而戰爭結束後，整個歐洲滿目瘡痍，戰敗的德國還得簽下屈辱的〈凡爾賽條約〉。法國總理克里蒙梭堅持要在凡爾賽宮，一報當年德意志建國之仇。根據條約，德國不但只能保留一支十萬人的軍隊，還必須負擔超過兩千億馬克的賠款。這金額幾乎等於德國七十年的生產總額。

鉅額賠償讓一九二三年的德國陷入了史上最嚴重的通膨，物價已經來到了前一年的七千萬倍。最誇張的時候，物價每四十九個小時就漲了一倍。德國工人每天的工資必須支付兩次，拿到錢之後還必須要在一個小時之內全部花掉，否則就會迅速貶值。

就在這時，宣揚極右民族主義的納粹黨，與他們的元首希特勒趁機發動了「啤酒館政變」，準備以武力推翻當時的政權。但是這起行動很快就失敗了，希特勒以叛國罪名被捕入獄。一年後當他假釋出獄時，一切似乎都變了樣。

一九二五年到一九二九年，這四年間，整個政治圈終於獲得了難得的平靜。各家報社幾乎沒有政治議題，記者還必須遠赴國外才能找到大標題，過去的救世主或革命家，現在則乏人問津。

爲什麼會發生這樣的情況呢？

這全都是「美援」的力量。

事實上，早在歐洲還一片殘破的時候，遠在大西洋彼岸的美國就已經開始復甦。支持自由放任政策的美國政府相信：市場經濟是萬能的。當時的美國總統柯立芝講得更是直白，他說：「政府的業務就是做生意。」

在這種思想的引領下，政府開始主導一連串的寬鬆經濟政策、減稅、縮減公共支出，開啓了燦爛的「咆哮的二〇年代」。各種商品例如汽車、無線電、電影，突然間都呈現了爆炸性的成長。

從美國發起的經濟熱潮很快就延燒到了歐洲。一九二四年在美國銀行家道威斯主導下，戰勝國終於訂出了「道威斯計畫」來舒緩德國的賠款壓力，把賠款金額降到合理的水平。此後，德國能從美國充裕的財庫中借取大量的金錢，用來建造工廠、刺激消費，再用生產的商品外銷到其他國家還債。

在美國的幫助下，德國經濟終於得以喘息。一九二七年，德國工業產量終於回到大戰以前的水準。一九二八年的零售額比起三年前增加了二〇%，隔年更增加到三〇%。但更加顯著的改變，則是社會風氣顯得更開放、更自由。

《一個德國人的故事》裡，作者賽巴斯提安·哈夫納（Sebastian Haffner）這樣描述德國的二〇年代：

「一九二六年至一九三〇年之間，最優秀的德國年輕人正默默致力於非常美好、可爲將來造成深遠影響的事務。……當時的德國處處感受得到清新的氣息，傳統的謊言顯然已經消逝無蹤。各階層之間變得既寬鬆又容易穿透。這很可能就是大家一起陷入貧困以後的正面收穫。兩性間的交往則是前所未有地自由……」

德國找回了活力。只可惜，繁華年代轉眼間就灰飛煙滅了。一九二九年美國華爾街股市崩盤，仰賴美國經濟維生的德國，立刻成爲重災區。成千上萬的小企業就此破產，經濟危機引發了超乎想像的空前大規模失業，失業人口的數字突破六百萬。

一名英國記者描述了當時德國那種黯淡絕望的氣氛：一間工人的酒館裡，所有人全都呆望著那位唯一有錢點杯啤酒的客人。

從天而降的德國新希望

經濟的困境，讓政治再度成爲公眾生活的重心，希特勒與他的納粹黨再度看見了機會。他在納粹黨報紙上寫道：

「我一生中從來沒有像這些日子這麼舒坦，內心這麼滿足過。因為殘酷的現實打開了千百萬德國人的雙眼，讓他們看清楚，這些史無前例的欺騙、撒謊和背叛的行為！」

他不要浪費時間爲同胞的苦難表達同情，而是要冷酷地立即把它變成在政治上支持自己的力量。納粹黨的宣傳很快就開始了，對整個黨來說，所有宣傳都只有一個重點，那就是：

日耳曼人是世界上最優秀、最高貴的民族；
最高貴的民族，理應過著最美好的日子；
但為什麼我們會淪落到現在這個樣子呢？
因為我們之中，有害群之馬！

希特勒很早以前就掌握到宣傳的一個重點，那就是避免大篇的論述。簡單的人需要簡單的答案：是或不是、對或不對、愛國的或是賣國的、德國的或是外來的。

日本人鶴見祐輔記載了一九三二年七月二十八日的一場納粹集會，相當忠實地體現了許多納粹黨的宣傳手法。

在下午五點鐘左右，鶴見祐輔來到柏林最大的會場。足以容納八萬人座位的現場，此時還相當空曠。但是很快地，人潮就漸漸聚攏了起來。突擊隊、青年團員陸續走到中央廣場，除了周圍的道路，到處都擠滿了人潮。會場內的人數竟然超過了十二萬！擠不進來的人只好待在外面，等待集會開始。

時間來到晚上十點，這時候的天色已經全黑，場內開始騷動了起來。有人突然大喊：「希特勒！希特勒！」

鶴見祐輔眼見左右都沒看到希特勒，轉頭問旁邊的人說：「在哪裡？」

那個人往上指：「在那邊！」

他抬頭看著那個人所指的方向，在如墨般的夜色裡，空中突然出現了點點火光，接著光點就像流星一樣，從人們的頭上落下。

那是飛機。

早在一九三二年，希特勒就已經靠著飛機在全國進行巡迴演說。希特勒的飛機從三千公尺的夜空中降落在柏林，巨大的火光緩緩降落在會場不遠的廣場上。場內十二萬人和擠在場外的八萬群眾都站了起來，將右手向前伸出，高聲呼喊著：「希特勒萬歲！」

希特勒就是要等到這最戲劇化的一刻才現身。

不久，汽車聲出現在會場外，希特勒站在閃著強烈光線的汽車上，從一片漆黑中緩緩現身。

鶴見祐輔回憶他所看見的希特勒：穿著黃褐色的突擊隊制服，黑馬靴、黑領帶，梳得整潔的栗色頭髮，留著小小的鬍子，歷經十三年政戰風雪的臉，還有神采奕奕的雙眼。

希特勒一開口，全場二十萬人都因爲他的演講而沸騰。

他對空高喊：「決定德國民族命運的政治決戰，已經迫在眉睫！看看德國民族的窮困與死亡，德國曾經傲視群雄的威容到哪裡去了？這全都是因爲締結〈凡爾賽條約〉的

失敗政客，他們所導致的啊！」

他嘶啞的嗓音配合十足的手勢，反能引起悲壯的感覺。全場一致怒號，他們多數都是因爲通貨膨脹而破產的人，或是因爲工廠倒閉而失業的人。

希特勒繼續說道：「大家要曉得，德國今日的困境不在外部，而在內部，就是在這分裂的三十個政黨裡！對這三十個政黨宣布死刑，創造新的德國吧！把政權讓給蓄勢待發的我們吧！」

聽到這裡，暴雨似的怒吼聲，從二十萬聽眾的口中轟然而出。

希特勒與納粹黨，給了成千上萬受苦受難的人民一線希望。支持的信件如雪片般飛往納粹黨部，他們寫道：「希特勒，我們相信你。沒有你，我們就是一盤散沙；有了你，我們就是一個民族。」

一九三〇年九月的國會選舉是一個轉折點。上一次納粹黨只獲得十二個國會席次，這次希特勒認爲能來到五十個；然而選舉結果出爐後，卻讓所有人大吃一驚：納粹黨所得的選票增加到了六四一萬張，可以取得國會中一〇七個席次。納粹黨因此從國會裡最小的黨派，一躍成爲第二大黨！

納粹黨在全國選舉中獲得驚人勝利一事，說服了千百萬普通人民：現在也許出現了一種無可阻擋的趨勢。

很多人也許不太認同納粹黨煽惑人心的做法，但它的確喚起了曾受到嚴重壓抑的愛國主義和民族情感。人們渴望納粹黨眞的能領導德國人民擺脫共產主義、社會主義、工團主義，也一甩民主政體的軟弱無能。

最重要的是，它已經在全國造成了燎原之勢，註定希特勒在三年後被任命爲德國總理，也註定了德國的命運。

歷史課本只有這樣說：

「希特勒以廢除〈凡爾賽和約〉、恢復過去德國的光榮為主要訴求。另外，主張驅逐非日耳曼血統的種族主義，成功吸引數百萬對現實不滿、對民族國家前途深感迷惘的人加入，聲勢逐漸壯大。」

第二十二講 為了防止人民逃出天堂，東德建了一道牆

——柏林圍牆築起的那一夜

上次我們說到希特勒的上臺，一九三九年納粹德國入侵波蘭，隨著英法的宣戰，正式開啓了第二次世界大戰。而之後的結局如何，大家應該已經都知道了。

二次大戰把德國炸回了中世紀。一九四五年四月二十日，二五〇萬蘇聯紅軍開始對這座德國首都展開砲擊。等到十天後柏林戰役結束時，市中心超過九成的面積已成廢墟，一望無際的瓦礫堆裡夾雜著一些血肉模糊的屍體。他們有些被埋在殘磚破瓦中，或從屋內被炸到門口，或如同玩偶般被拋到樹上。

整個柏林沒有電、沒有飲用水，甚至連食物也沒有，餓到發瘋的市民只好吃著馬的屍體或地上的青草果腹。此外，柏林的女性還要遭受另一項折磨——紅軍士兵大量入侵

民宅強暴婦女，而她們的丈夫只能無助地躲在櫥櫃裡，在一旁看著、聽著家中的妻女被強姦。根據匿名者日記，一名女孩在被強姦後，還被吐口水到她張開的嘴裡。

戰敗之後，德國被硬生生切成兩個國家，分別是東邊的德意志民主共和國，以及西邊的德意志聯邦共和國。柏林也被分成兩大塊，東柏林由蘇聯占領，西柏林則是由英、美、法共同管轄。

在一九四五年初期，東西德之間的邊防不嚴。但很快的，西德在大量美援支持下重建經濟，東西德的經濟瞬間出現了巨大差異。東德的人民開始「用腳投票」，不停地往西德跑。一個跑沒事、兩個跑也沒異狀，但當逃離人數超越百萬之後，就是一個很大的問題了。

勞動力的出走導致東德全面經濟崩盤。兩邊經濟情勢越差越大。緊張萬分的東德高層認爲情形極爲嚴峻，大量東德人民能以柏林爲跳板，搭電車到西柏林之後再逃到西方。東德必須想個辦法，阻止人口繼續像漏斗一樣，從柏林這個出口流失……

一名記者與四臺電話

時間來到了一九六一年，這一年的情勢很詭異。

街頭耳語在柏林鋪天蓋地蔓延開來：蘇聯將會在柏林中間劃下一道邊界，堵住前往西德的最後一道出口！

八月十二日，接近午夜的時候，二十六歲的記者梅恩走進美國占領區廣播電臺（RIAS）大樓準備上工。長久以來，這家電臺被西方世界視爲柏林情勢的一個最重要信息來源。

在今天之前，梅恩知道這只是一個輕鬆的一二—〇六夜班，但是現在他絲毫不敢大意。

「有什麼情況？」交班前，梅恩緊張地問值班記者。

「一切平靜。希望這依舊是一個平靜的夜晚。」記者說完，便拎著公事包下班了。

然後梅恩就成爲整幢辦公大樓裡的唯一一位值班記者。但是整幢漆黑大樓內並不是只有他一個人，伴隨他的還有隔壁房間的一位播報員以備不時之需。發報室應該至少還有一人，因爲當梅恩拿起話筒時，電話是占線的。

就在剛過十二點沒多久，電話鈴聲突然響起。一通來自東西柏林交界處的消息表示：附近的車站被封鎖了，所有東西柏林之間的電車全都誤點了。

「誤點多久？」梅恩問。

話筒那邊的聲音說：「沒有時間表，是無限誤點！」

身爲大樓內唯一的值班記者，梅恩必須快速判斷這是否有新聞價值。當然，這則訊息告訴他，他可能遇到了他這輩子所能做的最大新聞。但是，也有可能只是電車線路出了問題。

他試圖聯絡東柏林，沒有反應。

梅恩持續撥打電話，但緊接著，他桌上的四臺電話一部接著一部響了起來。

他愣著一動也不動，放下耳邊的話筒，看著燈光下近似發狂作響的電話。

梅恩馬上回過神，忙亂地接起電話，全部都是來自西柏林邊境的訊息：道路、電車、通訊……和東柏林的一切連結都已經被切斷！

冷汗從他的額頭上滴下，現在情勢已經完全明朗且直指一個結果：柏林被封鎖了!!

接下來的一個小時，梅恩像抓狂似地在四臺電話中間來回亂竄。他要聯絡電臺新聞處總負責人、通知各同事前來支援、打電話警告美軍和西柏林政府高層，同時還不能漏接任何一通消息來源。

這是一場封鎖？還是入侵的前奏？

他還來不及細想，同一時間隔壁收發室的發報機開始自動運轉起來，傳來一則來自美國新聞局（Amerikaische Nachtrichtenagentur, AP）的訊息：

根據八月五日〈華沙公約〉決議，蘇聯與東德爲抵禦來自西邊的法西斯力量，即將在柏林地區「採取行動」……

什麼行動？

東邊那一側依舊一片死寂，沒有任何一通來自東柏林的訊息驗證。不過壞消息還不只如此。更糟糕的是現在是半夜十二點到一點之間，負責文字編稿的編輯自然一個也沒有。

梅恩根本來不及抱怨，在上述那些事情以外，他坐在桌子前不熟練地操作著打字機，一個字一個字編輯著文字稿。由於太過專注的原因，一聲突如其來的電話鈴聲把他嚇到從椅子上跳起來。接起電話後，傳來廣播公司新聞處總主編的聲音，他告知梅恩一件事：

赫曼．梅恩，二十六歲，來自德國漢堡市，兩年記者經驗……

現在是整個西方自由世界，最重要訊息來源的唯一負責人了。

就在時間來到凌晨一點之後沒多久，發報機再度響起。這則消息不是來自美軍，也不是西柏林市政府，消息直接來自聯邦德國媒體總局，第一次具體提到距離梅恩幾公里以外，正在布蘭登堡門前面發生的隔離行動。梅恩直接轉給播報員，轉身回頭衝進夜班室繼續他與四臺電話的戰爭。

等到一切終於漸緩下來之後，他立刻撥了一通電話試圖警告位在波昂的西德政府——東德將會出現大規模軍事行動，情勢不明。

但是話筒那端沒有一點消息。

他掛斷電話，立刻又撥給西柏林的美軍。但仍然一點反應也沒有！

梅恩瘋狂地打給任何一個有可能行動的政府機構，但沒有一間機構傳來任何回應。完全聯絡不上——事態已經絕望了！

天堂傳不出的訊息

凌晨兩點左右，同事們總算紛紛抵達，整幢大樓一層接著一層亮起。一名衣衫不整的美國人衝進來，用很殘破的德文大喊：「連裸上邊境惹嗎?!」

「沒有，東柏林那邊一定是全面封鎖了。」

同一時間，第一張柏林情勢的現場照片傳到公司。梅恩轉傳給主編後，立刻倒在椅子上，仰天深深呼了一口氣。

總算熬到早上六點後，梅恩已經可以下班了，但是他又多撐了一個小時。一方面是因為他現在的情緒實在太激動；另一方面，他非常想聽到西方盟國的回應。不過除了一點小小的抗議外，什麼也沒有。美國總統甘迺迪一直到二十四小時之後才針對柏林情勢發表談話，但也只說了：「……（封鎖邊境）不是一個好的解決辦法，不過至少比起戰爭好得多。」

七點，梅恩下班後行經布蘭登堡門。那一側滿滿的東德士兵，鐵絲網綿延無盡。他嘆了一口氣，便默默走回家了。

一九六一年八月十三日，在歷史上，這就是柏林圍牆開始生效的日子。從此東西德完全隔離，在往後的日子裡，東德政府宣稱東德是眞正社會主義的典範，所有人民毫無疑問都生活在天堂之中。

有趣的是，他們在天堂前建造了一道高聳的圍牆，有三公尺的混凝土牆、鐵絲網、防止車輛穿越的壕溝、第二道牆、獵犬巡邏區、釘刺帶、電網、監視塔、荷槍實彈的巡邏兵，還有總厚度達三十公尺的第三道牆。完全無死角，二十四小時照明。

而這一切都只有一個原因：爲了防止人們逃出天堂。

歷史課本只有這樣說：

「德國自二次大戰結束後，分裂為東、西德，戰後西德經濟快速復甦，與東德形成強烈對比。一九六一年，柏林圍牆興建。」

第二十三講 轉型正義重要，還是人們吃飽重要？

——西德最有名鮑爾檢察官的堅持

上上次我們說到席捲德國的納粹運動。接下來發生的事情很多人都知道了：德國發動了二次大戰，然後又被炸回了中世紀。而他們在戰爭時期發動的「猶太人問題最後解決方案」，屠殺了將近六百多萬名猶太人，成爲二戰後德國怎樣都甩不開的沉重包袱。

但其實，那個時候的德國人也在喊「放下過去、一起拚經濟」，而且也的確成功了。就因爲一個人的堅持，最後德國終於走出戰後的陰影，重新回到先進國家之林。

這一切都要從一名檢察官——費里茨．鮑爾（Fritz Bauer）的故事開始說起……

全西德最知名的檢察官

說到費里茨．鮑爾，他可能是戰後德國史上最有名的檢察官了。姑且先不論他傳奇的一生，光看他的履歷，你就知道這人有多可恨：

一九〇三年出生於斯圖加特的一個猶太人家庭，二十四歲時就獲得海德堡大學法學博士學位，隔年更成爲威瑪共和國的法官，完全就是手刀奔向人生勝利組。

但是好景不常。

一九三三年一月希特勒就任德國總理後，鮑爾好死不死，剛好全身上下都是納粹討厭的元素：社會民主黨員、猶太人，還疑似同性戀。所以在幾個月後他就丟了鐵飯碗，之後更是出逃到丹麥和瑞典。好不容易捱到了戰爭結束，已經在瑞典的鮑爾其實可以選擇待在北歐，但他卻毅然回到德國。

當別人問他對祖國的未來抱有什麼樣的期待時，他說：

「……我們不要求世人可憐德國人民，我們知道，德國人未來數十年必須努力彌補，才能獲得尊重與同情。」

而這就是之後他一生奮鬥的事。

不過很可惜的，跟鮑爾有相同想法的西德人簡直少之又少。當時的西德正開始經濟起飛，大家只想拚經濟，根本沒人想要談起納粹那段不堪的過去。而就在這個時候，一件「雷默案」讓全德國都陷入兩難，而這場案件也是鮑爾一戰成名、成為全西德最知名檢察官的前哨戰。

是說，在二次大戰結束前，德軍斯陶芬堡上校發動了一場名為「華爾奇麗雅」的政變行動。而其中最關鍵的角色，就是當時後備軍隊的指揮官奧托．雷默少校。

雷默少校一剛開始接到了政變者的命令，前去逮捕黨衛軍和納粹黨宣傳部長戈培爾。但是就在逮捕戈培爾的時候，他接到了希特勒親自打來的電話，要求把叛黨一網打盡。最後他將斯陶芬堡上校等人全部逮捕，政變者被鐵絲極為痛苦地絞死。

而他因為這場「功績」，職等在短短一年內從少校飛奔到中將，戰後也成為極右派的代表人物。一九五一年，他的一場演講引起了整個國家的討論。他指控德國反抗運動成員「嚴重背叛國家，而且被外國強權收買」。

這場演講立刻引爆一個很兩難的問題：希特勒身為國家元首，刺殺他到底算是愛國還是叛國？鮑爾在這裡看到了機會，很快便用誹謗罪名起訴雷默，並在法庭上慷慨激昂地陳述：暗殺行動並非針對國家，而是除去傷害國家的人，斯陶芬堡一行人正是在促進國家利益。

鮑爾最後甚至留下一句名言：「像第三帝國這樣不合公義的政府，沒資格指控人民背叛！」

鮑爾成功了！

雖然最後雷默只被判三個月，但他一舉扭轉了法庭和整個社會的視角。在審判前只有三八％的人認同反抗人士，而在審判後，這個數字快速上漲到五八％。而十年後，一九六二年，納粹軍官艾希曼在耶路撒冷被判處死刑。

奧許維茨審判帶來的契機

儘管取得了這些成功，鮑爾知道絕大多數同胞對於納粹時代發生的事仍然毫無悔意，要扭轉這個印象還要更努力。而就在這一年，一份文件讓他看到了機會⋯⋯

有一天，鮑爾從《法蘭克福評論報》的一名年輕記者那邊，拿到了一綑綁著紅緞帶

ARBEIT MACHT FREI

的文件。記者表明：這是他在一名奧許維茨集中營生還者那邊拿到的。

鮑爾一看這些文件，立刻了解這是一九四二年起的集中營紀錄，上面記載著囚犯和射殺囚犯的黨衛軍名單。

他立刻明白：這一定是黨衛軍在撤退前沒燒乾淨，被囚犯搶救出來的文件！

就因爲這份文件，開啓了整個西德歷時最長、最轟動的「奧許維茨審判」（又稱法蘭克福審判）。在審判中，鮑爾一口氣起訴了二十二名集中營看守人，全都是「小人物」。

根據鮑爾的說法，這場審判的意義不在那二十二名被告會受到什麼形式的懲罰，而是這場審判可以立下一個示範，那就是——凡操控過這部謀殺機器的人，只要知道這部機器的用途，就是參與謀殺的幫兇。

整場審判耗時超過兩年，共開庭一八三次、超過兩萬人到庭觀審。

對當時的西德人來說，最震撼的地方不是被告的邪惡，而是被告的平凡。根據當時的敘述：「每個人看起來就像你的街坊鄰居。」

但是隨著審判進行，越來越多恐怖細節被披露出來。最可怕的是一名叫做威廉·伯傑（Wilhelm Boger）的被告。根據他老婆的說法，他在家根本就是愛小孩的老爸啊！結果根據集中營囚犯所述，他是集中營的威廉．伯傑上士。

有一天，一輛卡車到了集中營，裡面跳下一名約四、五歲緊張無比的小男孩，手中緊緊握著一顆蘋果。

伯傑抓住那個孩子的雙腳一甩，猛力把孩子的頭撞到牆壁上。

我後來被命令去清洗牆壁上的髒汙，清完之後去辦公室跟伯傑報告時，我發現伯傑坐在辦公室裡，吃著那名男孩的蘋果。

不過這種東西講太多，很多西德人也都受不了。各種廣泛、鉅細靡遺的報導讓大家越看越火大、越來越反胃。

《法蘭克福評論報》湧進各種投訴：「天殺的！別再報導了!!你們哪關心真相啊？你們只是喜歡廉價的驚悚報導而已。」

而擔任檢察總長的鮑爾當然更慘。有次他接到一通電話，對方吼他：「去死吧，猶太豬！」

但是在舉國反對下，鮑爾仍然堅持不懈，最後他終於獲得了最大的支持者。那就是戰後誕生、數量龐大的年輕學生。

一名叫做徐林克（Schlink）的學生，就是最好的例子。

原來這群年輕學生從小受的是傳統德國的威權教育。也就是當父親說話時，他們根本沒有說話的權利。最後，受這種教育長大的年輕人，突然間得知了他們父輩一直沒告訴他們的眞相。

以徐林克的例子來說，他曾經景仰一位英文老師，後來才發現老師曾加入黨衛軍。徐林克說：「奧許維茨審判在我那個世代留下的印記，遠大於艾希曼審判。你愛某人、敬仰某人，最後卻發現不可告人的祕密。」

這些傳統對長輩的疑惑，開始變成對權威的全面質疑。一直到審判之後五年，德國就爆發了聲勢浩大的六八學運，清除納粹餘毒成爲整場運動重要的主題。在戰後嬰兒潮的施壓下，德國最終也逐漸開始正視這段過去。

而徐林克也根據他的這段經驗，寫成最膾炙人口的一本小說——《我願意爲你朗讀》。而我們的文明，才終於變成今日的這個樣子。

歷史課本
只有這樣說：

「二次大戰後的歐洲，不但政治、經濟、人口穩定成長，進入大學受教育的人數也隨之增加。戰後成長的世代對於身處的大環境充滿批判，希望尋求改變，甚至不惜挑戰權威。」

延伸閱讀

馮作民，《西洋全史》，臺北：燕京文化出版，一九七九
希羅多德，《希羅多德歷史：希臘波斯戰爭史》，北京：商務印書館，一九五九
瑞克魯（Reclus, Elisée, 1830-1905），《腓尼基與巴力斯坦》，上海：文化生活出版社，一九三七
普魯塔克，《希臘羅馬英豪列傳》，臺北：聯經出版社，二〇〇九
吳于廑、周一良，《世界通史資料選輯》，北京：商務印書館，一九六二
亞里斯多德，《雅典政制》，北京：商務印書館，二〇〇九
修西的底斯，《伯羅奔尼撒戰爭史：雅典斯巴達戰爭史》，臺北：臺灣商務，二〇〇〇
漢森，《獨一無二的戰爭——雅典人和斯巴達人怎樣打伯羅奔尼撒戰爭》，上海：上海人民出版社，二〇一三
理查．史東曼，《亞歷山大大帝》，臺北：麥田出版社，一九九九
森谷公俊，《亞歷山大的征服與神話：非希臘中心視角的東西方世界》，新北：八旗文化，二〇一八
李維，《自建城以來》，北京：中國政法大學出版社，二〇〇九

塔西佗，《編年史》，北京：商務印書館，二〇〇九
波里比烏斯，《羅馬帝國的崛起》，新北：廣場出版，二〇一二
阿庇安，《羅馬史》，北京：商務印書館，二〇〇九
羅伯特．歐康納，《漢尼拔與坎奈的幽靈：羅馬共和最黑暗的時刻》，新北：廣場出版，二〇一三
邢義田，《古羅馬的榮光：羅馬史資料選譯》，臺北：遠流出版社，一九九八
吉朋，《羅馬帝國衰亡史》，臺北：聯經出版社，二〇〇四
波爾桑德，《君士坦丁》，臺北：麥田出版，一九九九
艾因哈德，《查理曼大帝傳》，臺北：台灣商務，二〇〇一
伊凡．康乃爾，《奉主之名：十字軍東征記》，臺北：商周出版，二〇〇一
阿敏．馬洛夫，《阿拉伯人眼中的十字軍東征》，臺北：河中文化實業，二〇〇四
姜豐瑞，《十字軍東征安提阿城攻防戰中的神蹟與屠殺》，收錄於輔仁大學第六屆中世紀學術研討會論文集——中世紀之哲學、宗教與宮廷騎士，二〇〇五
芭芭拉．塔克曼，《遠方之鏡：動盪不安的十四世紀》，新北：廣場出版，二〇一八
馬基雅維利，《佛羅倫薩史》，北京：北京漢閱傳播，二〇一一
希柏特，《美第奇家族興亡史》，上海：上海三聯書店，二〇一〇

基特爾森，《改教家路德》，北京：中國社會科學，二○○九
湯姆淩，《眞理的教師：馬丁・路德和他的世界》，北京：北京大學出版社，二○○四
何禮魁，《馬丁路德傳》，香港：道聲，一九七二
科林・伍達德，《海盜共和國：骷髏旗飄揚、民主之火燃起的海盜黃金年代》，臺北：商業周刊，二○一四
卡洛琳・韋伯；徐德林譯，《斷頭台上的時尚女王瑪麗・安東妮——一場時尚與政治的血腥角力》，新北：八旗文化，二○一五
克莉絲・沃德荷；郭乃嘉譯，《苦命皇后俱樂部——從埃及豔后到黛安娜王妃的薄命皇家女子錄》，臺北：時報文化，二○○九年
鶴見祐輔，《火與劍的一生：鐵血宰相俾斯麥傳》，臺北：遠流，一九九○
賽巴斯提安・哈夫納，《不含傳說的普魯士》，新北：左岸文化，二○一七
費・布萊德紹，《第一次世界大戰的起源》，北京：商務，一九六二
克里斯多福・克拉克，《夢遊者：一九一四年歐洲如何邁向戰爭之路》，臺北：時報文化，二○一五
彼得・英格朗，《美麗與哀愁：第一次世界大戰個人史》，新北：衛城出版，二○一四
安德魯・納古斯基，《納粹獵人：追捕德國戰犯的黑暗騎士》，新北：左岸文化，二○一七

Eurasian Publishing Group
圓神出版事業機構
用心與你對話．視野無限寬廣
究竟出版社
Athena Press
www.booklife.com.tw
reader@mail.eurasian.com.tw
歷史 072

海獅說歐洲趣史：
歷史課本一句話，背後其實很有事

作　　者╲神奇海獅
繪　　者╲布萊絲
發 行 人╲簡志忠
出 版 者╲究竟出版社股份有限公司
地　　址╲臺北市南京東路四段50號6樓之1
電　　話╲（02）2579-6600．2579-8800．2570-3939
傳　　真╲（02）2579-0338．2577-3220．2570-3636
總 編 輯╲陳秋月
副總編輯╲賴良珠
專案企畫╲賴真真
責任編輯╲蔡緯蓉
校　　對╲神奇海獅．蔡緯蓉．陳孟君
美術編輯╲金益健
行銷企畫╲詹怡慧．陳禹伶
印務統籌╲劉鳳剛．高榮祥
監　　印╲高榮祥
排　　版╲杜易蓉
經 銷 商╲叩應股份有限公司
郵撥帳號╲18707239
法律顧問╲圓神出版事業機構法律顧問　蕭雄淋律師
印　　刷╲祥峯印刷廠
2019年9月　初版
2023年12月　12刷

定價 310 元
ISBN 978-986-137-279-2

歷史不會重演，是因爲成功的典範無法複製。

我們讀歷史並不是爲了看別人怎麼成功，而是要看他人的失敗、誤區、教訓，以及他們如何從困境中掙扎站起，最後終於邁向自己的輝煌。

——神奇海獅，《海獅說歐洲趣史》

國家圖書館出版品預行編目資料

海獅說歐洲趣史：歷史課本一句話，背後其實很有事 / 神奇海獅 著 -- 初版 -- 臺北市：究竟，2019.9
272 面；14.8×20.8 公分 --（歷史；72）

ISBN 978-986-137-279-2（平裝）

1. 歷史　2. 通俗作品　3. 歐洲

740.1　108011557